Maurício Sita

A GRANDE LIÇÃO DE
Steve Jobs

Copyright© 2021 by Literare Books International
Todos os direitos desta edição são reservados à Literare Books International.

Presidente:
Mauricio Sita

Vice-presidente:
Alessandra Ksenhuck

Diretora executiva:
Julyana Rosa

Diretora de projetos:
Gleide Santos

Relacionamento com o cliente:
Claudia Pires

Capa:
Danilo Scarpa
(Estúdio Mulata)

Projeto gráfico e diagramação:
Gabriel Henrique

Revisão:
Rodrigo Rainho e Ivani Rezende

Impressão:
Gráfica Apoio

Dados Internacionais de Catalogação na Publicação (CIP)
(eDOC BRASIL, Belo Horizonte/MG)

S623g	Sita, Maurício.
	    A grande lição de Steve Jobs / Maurício Sita. – São Paulo, SP:
	Literare Books International, 2021.
	    16 x 23 cm
	
	    ISBN 978-65-5922-142-4
	
	    1. Literatura de não-ficção. 2. Liderança. 3. Inovação. 4. Sucesso
	nos negócios. I. Título.
	                                                                CDD 658.4

Elaborado por Maurício Amormino Júnior – CRB6/2422

Literare Books International.
Rua Antônio Augusto Covello, 472 – Vila Mariana – São Paulo, SP.
CEP 01550-060
Fone: +55 (0**11) 2659-0968
site: www.literarebooks.com.br
e-mail: literare@literarebooks.com.br

A GRANDE LIÇÃO DE
Steve Jobs

SUMÁRIO

PARTE 1

INTRODUÇÃO: THINK DIFFERENT 11

QUEM FOI STEVE? 19

O HOMEM DA MAÇÃ 25

UMA DESPRETENSÃO SUTIL 35

A ORIGEM DA MAÇÃ 41

AS VISÕES DE UM LOUCO: O SALTO MENTAL DA ESPÉCIE HUMANA.............. 47

ANO DE 2021: 10 ANOS SEM STEVE 53

STEVE JOBS: "O INTROVERTIDO" 59

A ERA DOS STEVES JOBS 65

"TORÓ DE IDEIAS" OU MAIS CONHECIDO COMO BRAINSTORMING 71

BERÇO DE IDEIAS 75

"POR QUE ESTAMOS AQUI?" 79

"PRODUTOS QUE NOS FAZEM SORRIR" 83

SE VOCÊ FAZ ALGO E ISSO É BOM, VOCÊ DEVE FAZER
OUTRAS COISAS MARAVILHOSAS: O QUE VIRÁ EM SEGUIDA? 89

A NEXT: A LEVEZA DE NOVAMENTE SER UM INICIANTE 93

APPLE SEM O STEVE: "FOGUEIRA SEM BRASA" 99

CAIXAS BEGES ENTEDIANTES: UM CONVITE PARA
OUSAR MAIS UMA VEZ 105

UMA EPIFANIA BRILHANTE... 111

JOBS CONHECIA O SEU DESTINO: ESTAVA NA HORA DE IR... 117

PARTE 2

MODELO DE LIDERANÇA TIRANA E COMPETENTE 125

DEFINIÇÃO DE LIDERANÇA ANTIJOBS.................................... 131

LIDERANÇA QUE TODO EMPRESÁRIO GOSTARIA DE ENTENDER 137

LIDERANÇA QUE CONVIDA 143

UMA GESTÃO QUE VIOLA AS REGRAS 149

UMA GESTÃO DE RESPEITO 153

LÍDERES "CABEÇAS DE MONTANHAS-RUSSAS" 159

UM LÍDER QUE NÃO USA SAPATOS: MARKETING PESSOAL 167

ROUBE COMO UM ARTISTA: #VISÃO... 173

INVENÇÃO OU INOVAÇÃO: EIS A QUESTÃO............................179

SEJA O VISIONÁRIO DE SUA GERAÇÃO...........................185

VISÃO, MISSÃO, PAIXÃO..189

NÃO CONFUNDA VISÃO COM PAIXÃO 195

UM ESTILO NÃO NORMÓTICO 201

LIÇÕES DE GESTÃO E LIDERANÇA 207

"ERRAR É HUMANO", O FALHAR É EMPREENDEDORISMO......................217

PARTE 3: RECAPITULANDO

CURIOSIDADES SOBRE STEVE JOBS.................................225

CONVERSA COM STEVE: ENTREVISTA IMAGINÁRIA 237

TRANSCRIÇÃO COMPLETA DO
MARAVILHOSO DISCURSO DE STEVE JOBS EM STANFORD 245

PARTE 1

INTRODUÇÃO: THINK DIFFERENT

Escrevi este livro com o propósito de catalogar e submeter à sua análise e reflexão aquilo que entendo como as grandes lições de Steve Jobs. Ele ousou ser diferente e até por isso não tenho por objetivo que pense com a minha cabeça ao analisar as lições, ou com a dele, ao realizar a revolução que causou por onde atuou. Beba dos conhecimentos dele e eventualmente se inspire naquilo que mais tocar você, mas "permaneça tolo e permaneça faminto".

Já imaginou poder conhecer o que estava por trás de uma das mentes mais brilhantes, a mente de Steve Jobs?

Jobs é um ícone de genialidade e seus ensinamentos são imensuráveis. Tão incalculáveis que decidi dar continuidade às suas orientações e ainda aprender com elas, afinal ele nos deixou um legado que continua absolutamente vivo.

Mostro aqui os inúmeros feitos de Steve e como ele venceu as improbabilidades, driblou uma existência fadada ao fracasso e a normalidade, além de mostrar como ele nos inspirou à desobediência. Ele questionava de forma profunda os porquês da obediência.

Em todos os capítulos, você terá acesso a um comportamento ousado, otimista e inovador que pode ser facilmente seguido, bastando ter compreensão, desejo de ousar e determinação. Nesta obra, você poderá aprender mais sobre o brilho, a paixão e a energia de Steve, que sempre foram fontes de incontáveis inovações que enriqueceram e melhoraram a vida de vários indivíduos e milhares de empresas. Afinal, literalmente "o mundo é imensuravelmente melhor por causa de Steve" – Filosofia da Apple, 5 de outubro de 2011.

A GRANDE LIÇÃO DE STEVE JOBS

No decorrer da leitura, quero incentivar você a pensar diferente em todos os âmbitos. Quero motivá-lo a ser o cara (ou mulher) que está além da sua geração. Quero influenciar você a pensar como louco. Isso mesmo, não se assuste.

Em 1997, a propaganda *"Think Different"* (Pense Diferente) expressou a marca pessoal de Steve. Um *slogan* criado pela Apple divulgado pela agência de publicidade TBWA/Chiat/Day, veiculado inicialmente em um famoso comercial de TV, posteriormente em anúncios impressos diversos e em promoções de produtos da Apple, *"Think Different"* é uma mentalidade tão necessária que meu objetivo é estabelecê-la em sua mente até o término deste livro. Jack Kerouac, outro transgressor, morreu quando Steve Jobs tinha apenas 14 anos, com certeza não se conheceram pessoalmente, mesmo assim posso deduzir que, via "energia universal", aconteceu uma conexão entre eles. Veja se os pensamentos de Jack não têm tudo a ver com Jobs:

Isso é para loucos.
Os desajustados.
Os rebeldes.
Os encrenqueiros.
Os peixes fora d'água.
Os que veem coisas de formas diferentes.
Eles não gostam de regras, e não respeitam o status quo.
Você pode citá-los, discordar deles, idolatrá-los ou difamá-los.
Mas a única coisa que você não pode fazer é ignorá-los, pois eles mudam as coisas no mundo.
Eles empurraram a humanidade para o futuro.
E enquanto alguns os veem como loucos, insanos, malucos, nós vemos como gênios.
Porque as pessoas loucas o suficiente para pensar que podem mudar o mundo são as únicas que conseguem.

Eis a minha proposta deste livro a você: "que tal se tornar faminto, um louco?", assim como sugeriu Steve, em 12 de junho de 2005, em um dos seus discursos mais célebres aos alunos da Universidade Stanford.

Ao lançar este desafio: "encontrar pessoas famintas e loucas", Steve deixou o público completamente emocionado ao mencionar três histórias sobre:

1. Ligar os pontos;

2. O amor;

3. A morte.

Naquela ocasião, Steve acabara de descobrir um câncer, e esse evento deixou todos os formandos e seus familiares, além de seus amigos, professores, entre outros participantes, ainda mais sensibilizados e reflexivos. Não há dúvida de que todos os discursos de formaturas nunca chegaram, e dificilmente chegarão, aos pés daquele. Tenho certeza de que você entende as razões dessa minha afirmação.

Jobs ficou ainda mais em evidência, após descobrir um câncer incurável. Por isso, resolveu deixar como "exemplo a ser seguido" sua "lição final", ministrada em 2008, em sua "última palestra". Um pronunciamento, inclusive, disponível no YouTube, que vale a pena ser assistido.

O discurso de Jobs estava "na boca do povo", de maneira positiva, claro, e logo superou na *internet* as visualizações das pessoas mais famosas da época, inclusive da popular e notável apresentadora de TV Oprah Winfrey, que tinha alcançado o máximo de 716.982 visualizações, em público similar. Jobs ultrapassou essa margem e obteve cerca de 6 milhões de visualizações, segundo a autora Carmine Gallo em sua obra TED: falar, convencer, emocionar – como se apresentar para grandes plateias.

Em 2011, o mundo inteiro já era seguidor assíduo das ideias de Jobs. Sem que soubessem, as pessoas ansiavam com grande expectativa a manifestação de um ser humano genial como Steve. Um sujeito que trouxesse certa dosagem de loucura, inovação e tecnologia aperfeiçoada com a finalidade de transformar o mundo e quebrar paradigmas.

Quem era esse homem que deixou milhares e milhares de seguidores espalhados em tantas áreas diferentes? Que outro líder recebeu tanta atenção das pessoas relacionadas ao mundo dos negócios como ele?

A GRANDE LIÇÃO DE STEVE JOBS

Para um indivíduo que iniciou sua carreira sem recursos financeiros e não tinha nada além de ideias e força de vontade, Steve deixou um legado com mais de 40 mil colaboradores na Apple e, em sua morte, recebeu várias homenagens que encheram uma quadra de tênis com cartas e flores, entre outros presentes em sua memória.

Quando e como Steve ganhou esse *status*? Ele sequer terminara a universidade. Contrariou a "industrialização da educação" e desenvolveu a "fábrica do pensar", conforme o conceito da filósofa Viviane Mosé, disponível no canal "Café Filosófico" do YouTube.

Como ele se tornou o maior mentor, conselheiro e/ou "guru" de todos os tempos, o mais celebrado líder da tecnologia e um dos mais conhecidos homens do mundo todo? Como ele se tornou um astro? Seria pela intrepidez de iniciar a própria empresa em sua garagem, mesmo sem ter qualquer recurso financeiro, em uma época de crise, sendo alguém considerado um verdadeiro "zero à esquerda" pela sociedade da época? Seria por quebrar as regras e desobedecer à tradição, o clássico jeito de fazer as coisas?

De fracassado (homem que tinha tudo para dar errado), ele tornou-se famoso, tão renomado que, ao saber da morte de Steve, o ex-presidente Barack Obama disse: "O mundo perdeu um visionário". Obviamente, Steve era um líder "fora da caixa", longe das definições clássicas.

E é justamente por isso que deve ler este livro e aprender mais com o incrível Steve. Proponho a você ousar como ele ousou, fazer diferente como Jobs faria e ter uma mentalidade que ele aplaudiria.

Uma parte da história dele e que é sempre repetida (e me sinto obrigado a citar) é de que nasceu em 1955 em São Francisco, na Califórnia, já em 1970, ainda jovem e mesmo sem ter completado a universidade, fez de sua garagem seu laboratório de criação. Ali, juntou-se a Steve Wozniak para desenvolver os primeiros computadores pessoais, que se tornariam um dos grandes sucessos da Apple.

Porém, para desenvolver suas ideias e alcançar o sucesso que conhecemos, Jobs teve muitos altos e baixos em sua carreira. Criou a empresa da qual foi demitido anos depois e teve que reinventar-se. Para algumas pessoas, esse seria motivo de pesar, não para Steve, para ele se tratava de uma oportunidade para o recomeço.

Steve foi um homem que tanto ousou, inspirou e inovou que, pouco tempo depois de falecer, o ex-governador da Califórnia, Jerry Brown, instituiu em 16 de outubro o "Steve Jobs Day", uma forma de homenagem ao ídolo e ao homem mais visionário voltado aos negócios que já existiu.

Ele foi tão criativo, visionário e realizador que superou Bill Gates, da Microsoft, que conquistou mais de 80% do mercado de computadores. Até mesmo as pessoas mais simples, que não têm nenhum produto da Apple, conhecem Steve Jobs e o reverenciam.

Antes de continuar, esclareço que estruturei o livro sem estabelecer ordem de importância ou cronológica. Alerto que algumas lições, dicas ou frases poderão estar repetidas em alguns capítulos, pois se você se dedicar a ler fora de sequência, o que é completamente possível, vai encontrá-las dentro do contexto apresentado. Eis aqui minha desobediência literária. Resolvi não seguir uma regra.

Este livro foi dividido em diferentes partes. Começo, entretanto, falando um pouco sobre quem foi Steve, seus feitos e como ele criou a Apple. Sigo contando várias curiosidades e traços de sua personalidade, além de suas andanças pelo mundo. Finalizo com dicas surpreendentes baseadas em sua visão e com um bate-papo imaginário, mas incrível, que tive com Jobs, e o publico aqui em primeira mão.

Ao conhecer melhor Steve Jobs, você será capaz de destravar as "suas ideias malucas", se encorajar a assumir sua identidade e instintos, além de quebrar as regras, claro. Afinal, o mundo precisa de novos Steves.

Talvez você pense: "Caramba, mais um livro sobre Steve Jobs?". Eu não escreveria apenas "mais um livro", e não tomaria o seu tempo narrando a vida atribulada dele ou falando de tudo que já foi exaustivamente tratado antes.

Passados dez anos de sua morte, creio que o mais importante é beber dos conhecimentos do homem que se tornou símbolo da criatividade e ajudou a construir o futuro por meio de informações que você provavelmente ainda não sabe.

Boa leitura!

QUEM FOI STEVE?

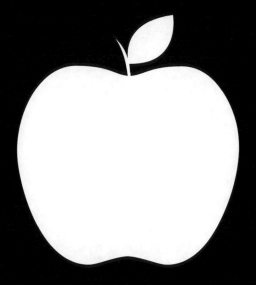

— Alô. É o Bill Hewlett?
— Sim.
— Estou montando um frequencímetro para um trabalho escolar e precisava de algumas peças.
— Todas que você necessitar, jovem.

Steve Jobs tinha apenas 12 anos quando telefonou para Bill Hewlett, cofundador da HP com seu sócio David Packard, empresários respeitados nos Estados Unidos. Ele não só conseguiu as peças como estagiou na Hewlett-Packard durante as férias escolares e se tornou amigo de Bill. Foi lá também que ele viu um computador pela primeira vez. Era uma engenhoca montada por um dos engenheiros da HP. Ganhou um similar e buscou entender como funcionava. Uma máquina que fez os olhos de Steve brilharem, seu coração palpitar, e um calor subir. Ele, de fato, era louco por tecnologia.

Empresário inventivo, líder inconteste, de personalidade forte e polêmica, quase perfeccionista, um pouco maltrapilho, fedorento e suado, esse foi o homem que revolucionou as indústrias da computação pessoal com a Apple, cinema de animação com a Pixar, música com o iPod, as lojas iTunes e Apple Store, telefonia celular com a criação do *smartphone* iPhone, da computação em *tablets* com o iPad e da edição digital.

Muitos comparam sua contribuição para a humanidade com a de Thomas Edison, da GE, Henry Ford, da Ford, e Bill Gates, da Microsoft, entre outros grandes visionários que mudaram o mundo. Não por acaso, Jobs nutria grande fascínio por eles. Com certeza, você e muita gente relativamente antenada, quando ouve falar nele, o associa de imediato à Apple.

A GRANDE LIÇÃO DE STEVE JOBS

Quase todo mundo sabe que ele foi adotado, que foi rejeitado na primeira adoção, que cresceu como uma criança relativamente pobre, que apenas iniciou o curso universitário, que foi o fundador da Apple, criou computadores, e dela foi despedido anos depois. Foi expulso de sua própria criação.

Mas você acha que Jobs reclamou? Que nada! Ele disse: "Ser demitido da Apple foi a melhor coisa que poderia ter acontecido comigo. O peso de ser bem-sucedido foi substituído pela leveza de ser um iniciante novamente. Isso me libertou para entrar em um dos mais criativos períodos da minha vida".

O temperamento "difícil" do gênio é citado tanto nos bons como nos não tão bons exemplos. Grandes críticos julgam-no quase um "louco" e um tanto porcalhão, que não tomava banho. E, se você já trabalhou com alguém que não gostava muito de água e sabão, sabe bem o quanto é incômodo.

Embora poucos possam negar, Steve foi um líder extraordinário, fato comprovado por todo o sucesso alcançado, mesmo tendo descumprido a maioria das práticas preconizadas pelo RH e de ser considerado um capataz de seus empregados.

Ele não se importava com métodos ortodoxos de gestão de pessoas e nem com processos de estabelecimento de objetivos e metas (um tema bastante fatigante explorado pelo modismo da administração e gestão de empresas). Steve era autocrático, agia conforme o momento, e com o que sua intuição mandava.

Acho, entretanto, que até as grandes contradições dele devem ser expostas e analisadas com outras perspectivas, e delas poderemos tirar lições válidas para a atualidade dos negócios, tanto a nível pessoal como profissional. Afinal, pense comigo, a tirania pode ser o pilar que falta ao submisso. Clarice Lispector foi excepcionalmente assertiva ao dizer: "Até cortar os próprios defeitos pode ser perigoso. Nunca se sabe qual é o defeito que sustenta nosso edifício inteiro".

Steve se considerava mais inteligente que os demais mortais, ele demonstrava nitidamente certo nível de soberba cultural. Um pequeno exemplo disso é a frase: "As pessoas não sabem o que querem até você mostrar a elas".

Transformei em lições tudo aquilo que você talvez já tenha ouvido falar sobre ele, mas ainda não tenha interpretado como um legado inspirador a ser melhor analisado e entendido, em especial nos tempos de crises econômicas. Certamente, se Jobs estivesse vivo nesta fase da tecnologia, ele estaria inovando, criando e mergulhando profundamente em suas invenções malucas, necessárias e pontuais.

Até com a sua morte, ele nos ensinou muitas coisas, basta analisar o discurso que ele fez na Universidade de Stanford em 2005 (o texto está publicado no final deste livro). Faço, portanto, reflexões sobre a vida e atuação dele como homem e empresário, para extrair lições que possam nos levar a pensar "fora da caixa". A desobedecer, a ousar mesmo se acharem que somos loucos. Quem sabe com os estudos dessas lições você não se torne o mais recente criador de uma nova Apple?

Veja bem, sua Apple não precisa necessariamente ser a criação de uma empresa multinacional que comercialize produtos eletrônicos ou *software* de computador, além de computadores pessoais. Criar a sua própria Apple pode significar ser um inovador em sua geração na área em que atua, por meio do que você sabe fazer com excelência. Tem a ver com acreditar em suas ideias malucas, ousar e contribuir com suas sabedorias visionárias.

Com certeza, Steve tem muito a nos inspirar e até a nos ensinar, afinal, como disse anteriormente, seu legado continua vivo. Acompanhe.

Steve foi o gênio que contribuiu para o desenvolvimento da informática a partir dos anos 1970, com seus Apple, Macintosh e iMac. Nos anos 1990, revolucionou o cinema de animação com a Pixar. Seu filme *Toy Story* fez tanto sucesso que não foi suplantado até hoje. Vários outros filmes também tiveram grande sucesso, como *Vida de Inseto, Monstros S/A e Procurando Nemo*. Em 2006, a Disney comprou a Pixar por 7,4 bilhões de dólares. Depois disso, Steve revolucionou também a música digital, com o iPod e com o iTunes.

Já pensou se ele não tivesse morrido com 56 anos? Já pensou em tudo

A GRANDE LIÇÃO DE STEVE JOBS

que aquela cabeça inventiva, criativa, disruptiva, visionária e inovadora ainda poderia ter criado e contribuído com o avanço da tecnologia atual?

Será que temos alguma coisa a aprender com um empresário que retoma a direção da sua empresa quase falida e, em dez anos, a transforma em uma das mais admiradas e rentáveis do mundo, cujas ações subiram 1.300% nesse período? O cara se tornou um lendário.

Deixo as críticas para os implacáveis juízes de Jobs, e me preocupo em apreender com as boas lições do homem que se tornou bilionário, e um dos mais ricos do mundo, por mérito próprio. Isso sim me inspira!

Se o conteúdo deste livro motivá-lo, e quiser saber mais, sugiro que leia também *Steve Jobs*, publicado em 2011, escrito pelo jornalista Walter Isaacson, livro que se tornou um autêntico *best-seller*.

"Eu valia pouco mais de um milhão de dólares quando tinha 23 anos e mais de 100 milhões de dólares quando tinha 25, e nada disso era muito importante, porque nunca fiz as coisas pelo dinheiro". Steve dizia a verdade, uma vez que sequer se importava com sua higiene pessoal, quanto mais com o dinheiro. Taí. Eis um cara complexo! Não se corrompeu pela vaidade, como tantos outros teriam feito em seu lugar, tendo conquistado tanta fama e dinheiro, muito menos praguejou quando quase faliu e precisou recomeçar:

"Eu sou a única pessoa que conheço que perdeu um quarto de 1 bilhão de dólares em um ano... Isso ajuda a construir seu caráter".

O HOMEM DA MAÇÃ

Temos certeza de que a história da Apple se iniciou bem antes da chegada do computador da Apple, com o nascimento do "homem da maçã". No livro *Como chegar ao sim*, dos autores e cofundadores do Projeto de Negociação de Harvard, Roger Fisher, William Ury e Bruce Patton afirmam: "Gostemos ou não, somos vendedores e negociadores desde a tenra idade". "Nós realizamos negociações informais com quase todas as pessoas que interagimos do início ao final do dia, ou melhor, desde que nos entendemos por gente".

De fato, vendemos o "nosso peixe" sempre, na hora da entrevista, de conquistar a paquera ou de fazer os pais realizarem concessões a nosso favor. Vendemos novas ideias para os nossos clientes, chefes e para as oportunidades da vida, e com Jobs não foi diferente. Antes mesmo de ele se mostrar um empreendedor criativo, demonstrou grande talento em vender seus produtos e suas invenções, cuja atitude foi vital para fazer os negócios decolarem e ajudou a organização, à frente de toda inteligência da contracultura que imperava naquela geração.

Jobs quebrou o paradigma de que os computadores eram destinados apenas aos centros de dados ou profissionais especializados da área, embora Steve Wozniak (cofundador da Apple com Steve Jobs, lembra?) tenha revelado que a garagem de Jobs era uma farsa em nome do *marketing* da Apple e que ela nunca serviu como ponto de partida para o início da Apple verdadeiramente.

Jobs mostrou-se um "vendedor nato" na iniciativa de colocar computadores disponíveis para o consumidor comum. Uma "quase verdade", repetida tantas vezes, se tornou a crença de muitas pessoas que também não tinham (e não têm) recursos, espaço físico ou credibilidade para iniciar seus empreendimentos, até mesmo por aqueles que desejam apenas encontrar uma desculpa para evitar o trabalho e fingir que estão criando grandes empresas.

É curioso como encontramos vários profissionais descompromissados que se comparam a Steve Jobs apenas para manipular uma "falsa produtividade", ocupação ou disfarçar um desinteresse pelo trabalho. Você também deve conhecer pessoas assim, não é mesmo?

Comandando então uma "empresa de garagem", Steve mostrou-se impetuoso, ousado e intrépido na gestão de grandes grupos, criando produtos manufaturados e técnicos em uma era complexa em todos os sentidos. Considerado um "fora da lei" do universo corporativo, Jobs sabia que, em algumas ocasiões, precisava de líderes experientes (supervisão de um adulto) ao seu lado e que deveria ceder a um estilo mais burocrático, mas desconfiava desse formato, e esse foi o motivo de ele deixar a Apple mais tarde. O convencional não o atraía.

Steve teve grandes conflitos com o então CEO John Sculley e a bancada da diretoria, cuja maioria fora indicada por ele próprio. Traição! Esta seria a palavra utilizada na época da realeza, todavia Jobs não sucumbiu ao deixar sua carreira de inventor, empresário e, principalmente, líder; pelo contrário, ele renasceu dez anos mais tarde.

Embora Jobs tenha sido entregue à adoção, como lemos anteriormente, seus pais adotivos eram extremamente amorosos e apoiadores, sendo considerados até mesmo bastante permissivos, favorecendo os ímpetos criativos, insanos e atípicos do filho como, por exemplo, abandonar a faculdade ou utilizar a suja e velha garagem como um espaço de "criação de ideias" e produções de engenhocas. Contrariando o sistema que determina o sucesso alheio somente para quem realizou pós-graduação, os pais de Jobs sequer terminaram o segundo grau, assim como Jobs também não concluiu a universidade. Mas, ainda assim, foram pessoas acima da média, à frente de sua geração e visionárias. Tanto em apoiar o filho a "encontrar o próprio caminho", "a fazer o que queria" e ser livre para descobrir os próprios talentos e dons, além de serem os responsáveis pela criação de um gênio como Steve Jobs, que contribuiu grandemente com a sociedade.

Conta-se que na esquina da rua principal, exatamente onde estão os escritórios da Apple, havia uma gigantesca fábrica de ameixas. Em 1970, a região em que Steve fora criado, Sul da Baía de São Francisco, estava em transição, deixando de ter extensos pomares e tornando-se novos subúrbios, cheios de casas e árvores. O local ainda era interiorano, vindo a ser posteriormente um marco devido ao famoso aeroporto Moffett Field.

Steve sempre se mostrou um amante da *vibe* da área da baía em São Francisco ao contrário do que muitos jovens desejam (cair no mundo e nunca mais retornar à sua cidade natal), Jobs fazia questão daquele lugar. Tanto que, quando adolescente, ele já contribuía com suas *expertises* desenvolvendo demonstrações de computadores no Centro de Pesquisas da NASA, localizado no aeroporto Moffett Field. Desde então, Jobs passou a estar entre engenheiros e profissionais do nicho da alta tecnologia. Eis aqui o grande segredo da pessoa de alta *performance*: se cerca de pessoas mais qualificadas e capacitadas do que ela.

Jobs poderia ter escolhido a boemia, se revoltado pelo fato de ter sido adotado e ter poucos recursos, mas mostrou-se resiliente e bastante esforçado a buscar por cursos extracurriculares, mesmo ainda estando no segundo colegial, participando de projetos como o da Hewlett-Packard (HP). Pouco tempo depois, Jobs viria a conhecer seu amigo, parceiro de negócios e prodígio da tecnologia Steve Wozniak (Woz), o carinha das "caixas azuis".

O homem da maçã sempre carregou o lema "Faça o que você ama fazer". Como o mecanismo da universidade não era algo que ele amava, Jobs não hesitou em abandoná-la. Fiódor Dostoiévski disse: "Ocorreu-me certa vez o pensamento de que se alguém quisesse arruinar e destruir totalmente um homem, infligindo-lhe o castigo mais terrível, algo que fizesse tremer o mais cruel assassino e o levasse a se encolher por antecipação, bastaria obrigá-lo a dedicar-se a atividades absolutamente desprovidas de utilidade, sentido e amor".

No livro *Como encontrar o trabalho de sua vida*, do autor Roman Krznaric, podemos encontrar inúmeras histórias reais de pessoas que abriram mão dos seus sonhos e daquilo que amavam fazer para se dedicar

A GRANDE LIÇÃO DE STEVE JOBS

a ocupações ou atividades que pouco a pouco apagaram seus brilhos e "entulharam" seus talentos, acompanhe.

"Iain King nunca foi uma pessoa convencional. Quando terminou o ensino médio, passou um ano viajando pela Europa – tocando o violão que carregava por toda parte. Durante um verão do início da década de 1990, quando era universitário, ele e um amigo atravessaram a fronteira para o norte do Iraque, saindo da Turquia, onde fizeram amizade com um grupo de curdos que combatiam pela liberdade, viajaram com eles em um jipe cheio de metralhadoras e lançadores de mísseis portáteis e escaparam por pouco de um sequestro. Mais tarde, Iain lançou um jornal nacional de estudantes, que fechou depois de meia dúzia de edições, e ofereceu-se como pesquisador voluntário de um partido político. Sem nunca ter planejado muito a sua carreira, acabou se especializando em negociações de paz das Nações Unidas e de outras organizações internacionais. Ajudou a introduzir uma nova moeda em Kosovo e trabalhou ao lado dos soldados na frente de batalha no Afeganistão. Também encontrou tempo para escrever um livro sobre Filosofia e para passar um ano como dono de casa, na Síria, o único pai em meio a grupos de bebês na comunidade de expatriados de Damasco. Quando a esposa de Iain engravidou do segundo filho, ele decidiu que era hora de desistir da sua precária carreira de autônomo e conseguir um emprego estável em Londres para sustentar a família. Encontrou trabalho no serviço público; e agora, é assessor de políticas externas humanitárias do governo. Ele descreve o trabalho com grande entusiasmo: as questões são fascinantes, as pessoas são estimulantes, e ele está usando o conhecimento que adquiriu em primeira mão sobre as situações de conflito. No entanto, há um desconforto latente. De algum modo, ser um funcionário público não se encaixa na forma como ele vê a si mesmo. O trabalho e seu eu estão desalinhados: 'O trabalho é interessante, mas um tanto convencional para o tipo de pessoa que eu sou. Sinto que não é meu verdadeiro eu. Quando entro no metrô de manhã, às vezes me dou conta de que estou de terno, tenho 40 anos, sou de classe média, branco e vivo em um dos bairros mais convencionais de Londres. E aí eu penso: onde está aquele cara que costumava tocar violão no metrô de cabeça para baixo? Superficialmente, pareço uma pessoa muito convencional, mas ainda me considero profundamente não convencional. Paradoxo é uma palavra muito forte, mas há uma tensão presente. Neste momento da minha vida, tenho que aceitar a tensão. Sou mais convencional do que seria se a minha vida fosse diferente porque tenho filhos pequenos e sou o único provedor da família. Não estou prestes a largar o meu emprego, mas às vezes me pergunto: será que eu deveria ficar lá para sempre?".

Isso jamais aconteceria a Jobs. Ele sempre explorou novas possibilidades, procurou por algo que pudesse fazer com paixão verdadeira e jamais por protocolo. Por vezes, Jobs não sabia o que era esse "algo" que tanto buscava, mas tinha certeza de que era um sujeito no contrafluxo da massa, que não se encaixava no caminho comum da maioria das pessoas de sua época. Jobs não queria a faculdade, não aspirava obter um diploma, arrumar um emprego em regime CLT (por exemplo), adentrar o trem lotado em plena seis da manhã apenas para subir na carreira ou obter o tão sonhado sucesso que escravizava. Steve era diferente. Ovelha negra da sociedade.

Em outubro de 2016, a revista *Superinteressante* publicou a reportagem "A doença de ser normal – a humanidade pode estar sendo acometida por uma epidemia global: a normose, uma obsessão doentia por ser normal" e afirmou: *será que ser normal – e achar normais coisas que não deveriam ser – pode ser uma doença?*

Segundo alguns psicólogos e antropólogos como Roberto Crema e Jean-Ives Leloup, sim. A doença de ser normal chama-se, segundo eles, normose: um conjunto de hábitos considerados normais pelo consenso social que, na realidade, são patogênicos em graus distintos e nos levam à infelicidade, à doença e à perda de sentido na vida.

Steve se recusava curvar-se à doença de ser normal, ele era um sujeito não normótico, e veremos isso adiante.

Outro exemplo sobre "a doença de ser normal" é do carioca Eduardo Marinho, 55 anos. Ele percebeu desde cedo, aos 18 anos exatamente, que não queria ser como os outros. Filho de militar, ele abriu mão de sua condição financeira estável e largou a faculdade porque não queria ficar velho,

A GRANDE LIÇÃO DE STEVE JOBS

e olhar para sua vida e chegar à conclusão de que não tinha feito nada relevante, como Dalai-Lama mencionava: "Perder a saúde para ficar rico e gastar dinheiro para se curar das enfermidades". Em entrevista à revista Superinteressante, disse: "Não queria ser bem-sucedido e me sentir fracassado".

Eduardo caiu no mundo, viajando pelo país e pedindo abrigo e comida, entre outros favores, procurando algo que o preenchesse. Depois de passar por poucas e boas, encontrou o significado de sua vida. Hoje é artista plástico com muito orgulho.

Com Jobs, não foi diferente. Ele era um sujeito não normótico, minimalista, "não tinha medo da grandeza da liberdade" e não se submetia à "patologia da pequenez".

Embora ele ansiasse por recursos financeiros e uma vida com mais facilidades (de certa forma normal), ele sabia que "somente os medíocres aspiravam à normalidade", como afirmou o pai da psicologia analítica, Carl Jung.

Em vez de buscar freneticamente pelo sucesso, ele continuou vivendo no lugar de sempre, saindo com os poucos amigos, repetindo as mesmas roupas, recolhendo garrafas PET para juntar uma grana e "serrando" refeições gratuitas em um templo Hare Krishna. Steve era o que a sociedade da época chamava de *hippie*.

O movimento *hippie* em Jobs floresceu ainda mais seus talentos. Trouxe grandes revoluções, pois foi marcado por jovens que não estavam dispostos a viver da mesma forma tradicional e conservadora da maioria das famílias daquela época. O objetivo era atacar o sistema, combater uma sociedade que fazia apologia à desigualdade, miséria, violência, guerras e angústia, ou seja, impor novas ideias e leis. O movimento foi impulsionado por artistas e músicos e se espalhou por vários países do mundo, inclusive no Brasil. Os Beatles, por exemplo, foram uma banda que surgiu nessa fase e contexto, responsável pela difusão da contracultura em todo o planeta.

Rodeados de muitas drogas, como a maconha e o LSD, os *hippies* saíam pelas ruas em manifestações que, em sua maioria, terminavam em prisões, pancadarias e abusos por parte das autoridades. Embora a intenção parecesse boa, o movimento se negava a acatar ordens, cumprir leis e se adaptar a uma rotina que exige esforços e trabalho. Steve era considerado um deles, e por isso não era levado a sério. Mas justamente por esse motivo, o seu triunfo foi ainda maior.

Hippie ou não, Steve frequentou vários cursos que despertavam a paixão, um deles foi o de caligrafia, impulsionando-o a se interessar por *design* gráfico. Steve ficou fascinado pela beleza, atratividade e proporção dos diferentes tipos de fontes. Tratava-se de uma fascinação que viria a inspirar o Macintosh. "O Mac jamais teria tido fontes variadas e proporcionalmente espaçadas", disse Steve, anos depois.

Constatamos que, sem a paixão, Jobs jamais teria criado tantas invenções. Isso serve para nós.

> "Eu estou convencido de que a única coisa
> que me fez seguir em frente era que
> eu amava o que fazia."
> **STEVE JOBS**

UMA DESPRETENSÃO SUTIL

Se você acha que Jobs sabia de sua vocação desde cedo, não se engane. Por vezes, ele parecia um "cisco ao vento". Sem rumo, sem direção, sem propósitos definidos e constantes. Ele tinha uma "fome" e uma "vontade de realizar", mas ainda não sabia o quê.

Isso revela a humanidade de nosso símbolo e nos mostra como não havia nele nada de extraordinário que também não exista em nós, "meros humanos". Foi em 1974 que Jobs engrenou no ramo da eletrônica, por meio de um emprego no fabricante de videogame Atari, uma organização em ascensão em São Francisco. Jobs queria ganhar dinheiro para realizar seu objetivo: viajar à Índia para um retiro espiritual.

Nota-se que havia um vazio em seu interior que precisava ser preenchido pela espiritualidade. Ele não tinha plena noção do que queria para sua vida e onde estava o seu significado. Steve mostrava grande interesse pela tecnologia, mas ainda não havia se descoberto completamente.

Jobs é um exemplo a ser seguido, pois jamais desistia de seus objetivos, ao contrário de muitos indivíduos. Não demorou muito para Steve e seu amigo Daniel Kottke – *brother* que conhecera na época do colegial – viajarem à Índia para um encontro espiritual com o hindu Neem Karoli Baba. Infelizmente, o líder religioso faleceu antes que Jobs pudesse conhecê-lo.

Daniel e Jobs circularam vários meses pela Índia, isso os tornou budistas. Rasparam a cabeça e passaram a usar vestimentas estranhas. Durante a permanência na Índia, experimentaram drogas psicodélicas como o LSD e Jobs definiu essa experiência como uma das três mais importantes de sua vida, pois motivou seus fluxos de criatividade e teria sido também

A GRANDE LIÇÃO DE STEVE JOBS

o berço natural do mantra *"think different"* (Pense Diferente), que ele mencionou durante toda a sua existência e usou por várias vezes como *slogan* dos produtos da Apple.

As outras biografias e os relatos espalhados pelo mundo sobre Steve Jobs afirmam que, se ele não tivesse conhecido o grande *nerd* da informática, Steve Wozniak, antes de sua viagem para a Índia, certamente ele teria se tornado um budista e teria passado o resto da vida entoando mantras em algum monastério distante.

Woz teve influência na vida de Jobs. Foi ele quem o ajudou a vencer um desafio na Atari e reduziu o número de *chips* em uma placa de circuito. Woz havia começado a se interessar pelos talentos de Jobs no Homebrew Computer, um grupo local voltado para *hackers* e amadores da computação que Jobs fazia parte e frequentava antes de sua viagem para a Índia. Quando retornou de cabeça raspada, vestindo roupas tradicionais da Índia e se dizendo budista, pressionou Woz com a ideia de desenvolver um computador com única placa, o que deixou Woz intrigado e razoavelmente atraído.

Jobs intentava também montar uma empresa. Segundo relatos de Woz, ele dizia: "Se não der certo, pelo menos vamos poder dizer aos nossos netos que um dia nós tivemos uma empresa".

Não possuindo recurso financeiro algum, senão uma calculadora HP de Woz e uma van de Jobs, entre outras coisas irrisórias, ambos venderam seus supostos "bens mais preciosos" e juntaram 1.300 dólares, soma que usaram para comprar "matéria-prima necessária" para montar alguns protótipos. Embora o legado de Steve tenha sido marcado pelo seu incrível início dentro de uma simples garagem, ambos começaram verdadeiramente no quarto de Steve, depois os encontros ocorreram na garagem.

Eis que nasce, então, a primeira máquina considerada primitiva: Apple I. Nada além de uma placa-mãe acompanhada de uma CPU com uma memória e *chips* de vídeos. Não havia teclado, monitor nem cabos. Tratava-se de um *kit* similar aos vendidos pelas lojas Heathkit e RadioShack, algo bastante popular na época.

O conhecido chamado Apple I foi colocado à venda em 1976, por 666 dólares, um valor equivalente a quase 3.000 dólares atualmente. A loja The Byte Shop comercializava a versão completa do Apple I.

E o que tudo o que lemos pode nos ensinar? Algumas vezes, nós também não temos plena noção de qual caminho seguir, qual carreira é compatível com o nosso perfil, além de carregar diversas crenças limitantes voltadas à escassez, impedindo que venhamos a acreditar em um possível sucesso. Temos dificuldades em abrir mão dos poucos recursos que temos para investir em produtos para iniciar, quem sabe, um novo empreendimento. Passamos a maior parte da nossa vida receando um possível fracasso do que ousando vencer, como Steve fez.

Imagine se Steve, não tendo muita coisa (ou quase nada) de recursos financeiros, ficasse apegado à sua van, por exemplo, tendo medo de vendê-la e perder dinheiro com o eventual fracasso no desenvolvimento do Apple I. Imagine se ele tivesse crenças limitantes de escassez e resolvesse ficar apegado aos poucos "bens materiais" que possuía. Certamente não teria se tornado o ícone cujo tema central formou este livro.

> "Se você ficar de olho apenas no lucro, você vai economizar no produto. Mas se você se concentrar em fazer produtos realmente bons, então o lucro virá a seguir."
> **STEVE JOBS**

A ORIGEM DA MAÇÃ

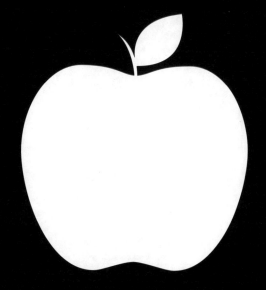

Steve com certeza era um homem "esquisito". Em uma linguagem "das ruas", poderíamos denominá-lo como um sujeito bastante "chapado", já que ele "viajava" nos formatos das maçãs e ficava a observá-las por horas, admirando seu desenho simples e atraente.

A ideia de pecado (quebrar uma regra) que a imagem da maçã remete às mentes da humanidade, devido à história de "Adão e Eva", o fazia gostar ainda mais do ícone, para marcar sua linha de computadores. Além disso, com a escolha da maçã, Jobs e Woz queriam comunicar às pessoas que a utilização de computadores é algo que não prejudica a saúde.

Foi dentro do aeroporto que Jobs disse a Woz: "Eu tenho um nome para a nossa linha de computadores: Apple". O nome veio por meio de "uma dentre várias" epifanias de Jobs, na época em que viveu no Oregon, um local cheio de macieiras.

Jobs era fã número um dos Beatles, por isso, há quem diga que seu amor pela música contribuiu com a ideia de nomear suas máquinas como Apple. Outra explicação da origem do nome Apple foi o fato de uma maçã ter caído na cabeça de Isaac Newton, fazendo-o descobrir a Lei da Gravidade. Isso o fascinava e o inspirava a transmitir a mensagem de que "ideias podem cair de uma macieira" para qualquer pessoa que esteja aberta a novos *insights*.

Para vários seguidores, nada explica sua escolha pelo nome Apple, já que ele era um homem "delirante"; suas ideias sempre eram malucas e revolucionárias, portanto, sem "explicações lógicas".

Nomes como Matrix Computer e Executek foram cogitados por Steve e Woz, mas nenhum funcionou como Apple. A união dos perfis de Woz

A GRANDE LIÇÃO DE STEVE JOBS

e Jobs suplementava um grande exemplo que mesclava uma visão técnica com um olhar mercadológico de Jobs. Juntos, venderam cerca de 200 Apple I e iniciaram o projeto do Apple II, e o desenrolar dessa história todos nós sabemos, não é mesmo? Sucesso.

Woz não era um sujeito otimista. Mesmo com um emprego bem remunerado na HP, ele não estava plenamente convencido de que se tornaria um empresário. Por outro lado, Steve Jobs tinha ótimas ideias, muita visão e plena convicção no microcomputador da Apple.

Para Steve, não se tratava apenas de obter recursos financeiros, até porque ele era como um forasteiro minimalista, e estava acostumado a viver com o pouco e com o necessário, mas acreditava do "fundo de seu ser" que os computadores podiam ser mais do que meras máquinas e "bugigangas cinzas", impessoais e enormes. Ele imaginava "a libertação de um mundo controlado" pela IBM (International Business Machines Corporation) e a HP. Ele tinha uma visão ousada e inabalável.

Obtemos uma grande lição aqui. Quando a visão de criar um produto revolucionário não apaixona a "outra parte" envolvida no projeto, facilmente ela desiste, desacredita ou se vende. Esse foi o caso de Woz. Ele titubeava quanto ao sucesso da Apple porque aquele sonho não era o dele, não havia nascido em seu âmago e nem "subido ao seu coração". Dessa forma, ele continuava "pensando pequeno", buscando o próprio caminho do sucesso e querendo desenvolver um microcomputador dentro da HP, enquanto Steve estava "voando alto" na liberdade de seus devaneios com a Apple.

Temos a chance de entender que compartilhar – criar sociedade – ou se unir a pessoas que não carregam a nossa mesma visão pode terminar atrasando o nosso sucesso ou, pior, nos convencer de que a ideia não é tão boa assim. Ousar como Steve neste tempo exige paixão, confiança e perseverança – acreditar em nossos sonhos. Podemos, sim, compartilhar nossos projetos com outras pessoas que queiram evoluir, desde que elas acreditem que vai funcionar, se dediquem unicamente ao objetivo e tenham paciência para fazer acontecer.

A jornalista Ana Prado, em seu livro *Seja mais produtivo, agora*, disse: "Muitos de nós cultivamos a ilusão de que é possível fazer várias coisas ao mesmo tempo, não importa quantas vezes já tenhamos tentado e falhado nisso. Mas precisamos encarar os fatos: não existe *multitasking*. O que existe é a alternância de tarefas (ou *task switching*, em inglês)". Ou seja, quando nos dedicamos a dois projetos ao mesmo tempo, acabamos focando mais em um do que no outro, consequentemente, um dos dois ficará para trás. Além disso, estar em vários projetos simultaneamente revela que há indecisão. A paixão por um empreendimento não acontece todos os dias; dessa forma, quando um *insight* surge, pode ser uma ideia brilhante que merece toda a sua atenção.

Woz "participou da fama sem ter ido 'totalmente' para a cama", já que ele, assim como a própria IBM e HP, por várias vezes "desconsideraram" a ideia de êxito da Apple por acreditarem que "era pequena demais para oferecer uma computação séria e completa".

Embora as visões de Jobs não estivessem palpáveis até a apresentação do Macintosh, em 1984, vindo a se concretizar oito anos mais tarde, todas as ideias de Jobs já estavam definitivamente presentes em sua mente desde 1970. Ele tinha convicção de que sua contribuição com a Apple mudaria para melhor a vida das pessoas comuns, como de milhares de engenheiros, cientistas, empresários, professores, escolas e empresas, entre outros. À vista disso, como nós descobrimos anos depois, aquela visão não estava atrelada ao computador (máquina) apenas, mas a que o computador seria capaz de fazer pelas pessoas.

Ele havia criado um modelo para a liberdade visionária e a paixão sem limites.

AS VISÕES DE UM LOUCO:
O SALTO MENTAL DA
ESPÉCIE HUMANA

Bill Gates, Henry Ford e Thomas Edison foram alguns dos homens visionários à frente de suas gerações, pregando uma mensagem de evolução que muitos desacreditavam, desdenhavam e até riam. E Steve foi mais um deles, dizendo que poderia criar uma máquina pequena com maior funcionalidade e inovação. Chegou de repente, vindo da "terra de ninguém", diretamente para o pódio de primeiro lugar no universo da tecnologia, se posicionando entre os maiores nomes das inovações da história.

Um caso semelhante ocorreu aos símbolos David Manners e Makimoto, por exemplo. Ignorados pelo público e pela crítica, escreveram em 1997: "redes sem fio de alta velocidade e dispositivos móveis de baixo custo quebrarão o vínculo entre ocupação e localização".

"Taxados de insanos pela massa", ambos tiveram suas teorias desacreditadas em uma época em que vivenciar a quebra do vínculo entre ocupação e localização era algo absurdo. E com o advento da pandemia da Covid-19, nós não só quebramos os vínculos entre ocupação e localização, realizando chamadas de longa distância por meio de videoconferências e entrevistas de emprego via aplicativo Zoom, como temos acesso a aulas EAD, cultos religiosos *on-line*, ensinos por meio de aulas gravadas, trabalhos "*home office*" (uma prática bastante comum nos Estados Unidos, mas com grande resistência no Brasil), com mais flexibilidade de horário e produtividade elevada, fazemos operações bancárias, aprendemos a praticar o método *NeoMindfulness* para meditar, controlar o estresse, ansiedade, insônia e outras doenças da vida moderna, por exemplo.

A GRANDE LIÇÃO DE STEVE JOBS

O isolamento por causa da crise advinda da Covid-19 nos empurrou (na marra), por livre e espontânea "obrigação", a nos adaptar a uma nova modalidade de vida. Usamos a *internet* para tudo. O que seria de nós sem as contribuições de grandes homens visionários, insanos e loucos como Steve, David e Makimoto? Ao decorrer dos anos, comprovamos a veracidade das previsões desses estudiosos e outros.

Possivelmente todos esses loucos criadores, ou criadores loucos, gostavam da ideia de não ter explicação lógica para as suas visões. Que isso sirva de lição, para que toda loucura que se passa na cabeça das pessoas possa ser explorada e se torne realidade. Projetos palpáveis que ainda não existem.

Na vida, eu pude contemplar grandes mudanças na sociedade, desde a organização do Brasil até o mundo conectado pela *internet* e agora pelos celulares e relógios digitais e inteligentes.

Sou um fã incondicional de Zygmunt Bauman, um sociólogo e filósofo polonês que estabeleceu o conceito de modernidade líquida demonstrando que nós, seres humanos, vivemos uma nova época em que as relações são fugazes como os líquidos. Inclusive o amor se tornou líquido, escorre pelos dedos como a água. Não tem solidez nem forma. Não dura.

Que isso nos sirva de alerta para não cometermos os mesmos erros do passado, não levando em consideração ou ignorando os avisos de "homens com grandes cérebros", fingindo não ver as mudanças tecnológicas e as evoluções a que estamos sendo submetidos. Que nós sejamos os "novos loucos" desta geração, os novos Steves.

Jobs e Woz desenvolveram a Apple exatamente em 3 de janeiro de 1977. Antes disso, eles haviam contatado Ronald Wayne (desenhista da Atari), um homem mais velho e bastante experiente, para ajudá-los a chegar a um acordo quando os dois Steves não concordassem em algo. Foi por míseros 800 dólares que os Steves contrataram Wayne, uma jogada que custaria milhões atualmente.

A visão insana de Jobs e de Woz de criar o computador pessoal continuou a se desenvolver "a todo vapor". O Apple II era tudo que precisávamos na ocasião, um produto completo, com gabinete, cabo de força e teclado. Embora fosse menor, o aparelho parecia um computador, e tinha inclusive *slots* de expansão. Logo em seguida à sua apresentação, foi disponibilizado um *drive* para disquete que permitia aos usuários armazenar e recuperar dados facilmente, além de compartilhá-los com outras máquinas. Como aconteceu com o Apple I, Woz foi o técnico por trás dessa genialidade. Enquanto Jobs era a própria metamorfose ambulante, com visões inspiradoras, Woz era o fantástico gênio e técnico *nerd*.

Os poucos ou "quase nada" recursos que os Steves tinham e eram investidos no "negócio da maçã" logo se mostraram insuficientes. Eles precisavam urgentemente de um sócio. Precisavam também de uma supervisão, alguém que fosse o limite, que ajudasse a transformar os sonhos, projetos e loucuras em uma realidade segura, afinal, agora, eles estavam verdadeiramente dando seus primeiros passos em direção ao mundo dos negócios, e lá não havia lugar para amadores (embora fossem um pouco).

ANO DE 2021:
10 ANOS SEM STEVE

Agora, a pergunta que não quer calar é: "O que seria de nós nesta fase de transição sem os computadores pessoais, uma tecnologia avançada e disponível a todos"? E se Steve tivesse sucumbido às ironias, descrenças e descasos dos diretores da IBM e HP, por exemplo, deixando de acreditar em sua visão de desenvolver a Apple? Bem, essas são perguntas que você deve fazer a si mesmo diante das impossibilidades, riscos sarcásticos das pessoas e a sensação de "absurdismo" que seus projetos pareçam ter. Existem coisas que não conseguiremos encontrar significados inerentes ou explicações lógicas.

Certamente muitas mudanças ocorreram no âmbito profissional, e o trabalho *home office* será agora não mais uma opção distante, mas uma realidade bem mais viável. Sei que há trabalhos que exigirão a presença nas empresas. Sei também que há desafios para que nos adaptemos a essa nova realidade. Temos de descobrir como fazer com que os profissionais continuem se sentindo "pertencentes" às suas empresas. O trabalho será *home office*, mas os desafios de trabalhar em equipe e contribuir com o crescimento das empresas devem continuar mais vivos do que nunca.

Durante a pandemia, conversei com vários profissionais da modalidade "*home office*" que têm seus chefes ou suas "bases" nos Estados Unidos. São pessoas acima da média, com mentalidade avançada, profissionais que já aderiram ao estilo *home* há vários anos, portanto, toda essa "era de isolamento" não mudou muito suas rotinas, produtividade e resultados. Trata-se de pessoas que sabem "como a linguiça é feita" antes que a receita chegue ao Brasil, e eu gosto de observar e aprender com gente à frente.

E por que estou falando sobre isso? O que isso tem a ver em ousar como Steve ousou? A resposta é simples. Nada mais será como antigamente, a evolução está aí para quem quer ou não ver; dessa forma, agora mais do que qualquer outra época, precisamos nos adaptar e explorar os Steves que há em nós. Já pensou que seu quarto tem muita semelhança com uma garagem?

Confesso que adoraria que Steve estivesse vivo, pois tenho certeza de que ele criaria uma forma própria para vencer parte da crise pós-pandemia e com isso nos ajudaria a vislumbrar alternativas e a trilhar novos caminhos.

Talvez todas essas mudanças possam ser o "empurrão" que faltava para você se tornar o mais novo dono do seu negócio, o Steve de sua geração, transformando aquilo que você sabe em produtos e serviços.

Que tal estimular de vez a sua criatividade a partir das grandes lições do Steve Jobs?

Acredite se quiser, mas estamos no fim da era da extroversão e entrando na era do isolamento moderno. Uma era dos introvertidos magnatas. Um estudo da Dell mostrou que 85% das profissões de 2030 sequer foram inventadas e que muitas profissões atuais deixarão de existir.

Quando decidi tirar da gaveta este livro, que por sinal foi desenvolvido nos últimos quatro anos, achei pertinente publicá-lo justamente nesta fase de crise, pandemia e transformações da mente. O livro é também uma referência aos dez anos que o mundo passou sem Steve Jobs.

Convido você, neste instante, a rever seus conceitos, suas paixões e missão de vida. Chamo você a analisar seus talentos, dons, competências e *soft skills* para, quem sabe, se deixar transformar, de modo resiliente, por todas as mudanças.

Para finalizar o capítulo, veja o artigo que Matheus de Souza, nômade digital e escritor, publicou em seu *blog*, baseado na série *Black Mirror*:

Seu emprego não existirá em algumas décadas – é hora de pensar no futuro: "O ano é 2047..."

"Acordo com uma notificação de emergência. Alfred, meu assistente virtual, avisa que minha mãe não está bem. Através do meu relógio digital, acesso

o painel de controle de Pablo, robô doméstico que é o responsável por monitorar os sinais vitais daquela que me gerou. Pablito, como carinhosamente chamo aquele pedaço de lata, já havia diagnosticado o problema e receitado o remédio que a estabilizaria. Não sei o que seria da minha vida sem ele. Na tela de checkout, aproveito para comprar umas flores. Minha mãe sempre as adorou. Em uma hora, um drone entregará o pacote em sua residência. Ela está numa praia em Santa Catarina. Eu, no interior de São Paulo".

"Quando os robôs aprenderam a escrever textos melhores que os meus, fiquei desempregado. Assim como 53% da população mundial. Precisei me reinventar logo após completar meus 50 anos de idade. Não foi fácil, mas hoje sou o editor responsável pelos escritos de Rodney Copperbottom – você sabe, o primeiro robô a emplacar um best-seller mundial. E vou te falar que ele escreve tão bem que nem precisaria de um editor. Mas Rodney é generoso. A fama não subiu aos seus circuitos. Esse carinha sempre me tratou bem!".

"Alfred me avisa que o carro autônomo que levará minha esposa e eu ao parque chegará em cinco minutos. Utilizo o tempo para programar a limpeza do apartamento da família".

"O Tesla 40, edição comemorativa de 2043 que marca os 40 anos de fundação da maior empresa automotiva da história, estaciona em frente ao pequeno prédio na Rua Nestor Trevisan, em Sorocaba". "Morávamos na capital antes da invasão nazista. Nosso bairro é controlado por uma milícia de ex-militares, então temos alguma segurança por aqui. Basta não atrasar o pagamento".

STEVE JOBS:
"O INTROVERTIDO"

Steve não era de muitos amigos, possivelmente por ser tímido ou introvertido, como preferir.

Steve tinha mais afinidade com os *nerds*, "outro gênero" de pessoas que a sociedade polarizada gosta de rejeitar, excluir ou zombar, quem sabe por serem mais inteligentes do que quem os rejeita. Steve era um "introvertido nato", mas cheio de ideias brilhantes e inovações exalando seus poros.

E para que se sinta confortável a ousar como Steve ousou, é importante entender que provavelmente você será "um homem na estrada", no contrafluxo da massa, sozinho, errante, acreditando em um sonho/objetivo, tendo visões à frente de sua geração, oportunidades que talvez ninguém mais esteja enxergando. Necessitando urgentemente apenas de autoconfiança para não desistir da inovação e de suas ideias insanas. E por que digo isso?

Para você não cair no engano de preferir permanecer em sua velha cadeira da acomodação/mesmice (zona de conforto), sendo igual a todos só para fazer parte de um grupo de identificação ou ser aceito. É preciso muita coragem para ser diferente. Steve era diferente e gostava disso, do lema Bob Marley: "Vocês riem de mim por eu ser diferente, e eu rio de vocês por serem todos iguais". Ele não tinha nenhum problema de identidade, insegurança ou rejeição. Seu perfil comportamental era "introspectivo".

Falando em perfil comportamental, existe um misticismo voltado aos testes de perfil comportamental rolando por aí há alguns anos, fazendo uma galera sem muita informação se movimentar em direção aos seus sonhos baseados em respostas de um papel. Muitos desses testes continuam medindo o QI (Quociente de Inteligência), desprezando a importância da Inteligência Emocional, defendida por Daniel Goleman desde 1995.

Lembro-me de que, em certa ocasião, conversei com um brasileiro morando fora do Brasil, em um país gélido devido à neve, habitando uma choupana com uma população menor do que o povoado de um bairro típico de São Paulo. O rapaz, com um perfil nítido de introspecção, naquele momento estava em uma fase bastante melancólica.

Longe de casa há um tempo, isolado em um país diferente do dele, num clima excessivamente frio, ele sentia grande saudade de casa, do calor das pessoas e da muvuca. Nessa fase, foi submetido a um teste de perfil comportamental. Quando o questionário perguntava: "Você se sente melhor cercado de pessoas?", ele respondeu: "Sim, cercado de pessoas", obviamente. As questões acabaram o empurrando para uma resposta/escala de pessoa extrovertida, quando na verdade aquilo era mais um desejo e necessidade particular e momentânea, e não um traço de sua personalidade.

Noutra ocasião, o mesmo rapaz realizou outro teste para uma organização que trabalhava no Canadá, e seu chefe, eufórico e espantado, foi até ele o parabenizando por ter um tipo de perfil raríssimo, um verdadeiro extrovertido cerebral. O rapaz ficou "todo cheio", se o chefe acreditava mesmo que ele era um gênio, por que contrariá-lo, pensou. Não demorou muito para o rapaz liderar cargos de grandes responsabilidades, um verdadeiro líder motivador e entusiasta.

Bom, o fato é que o conceito de que existem dois tipos de pessoas – (1) os extrovertidos e (2) os introspectivos – é considerado uma "balela", tão falso como definir a personalidade de uma pessoa baseado nas constelações que estavam no céu no momento do nascimento do indivíduo. Quem é psicólogo sério bem sabe que, se fosse possível classificar as pessoas em apenas duas personalidades, seria algo incrível, mas que, na realidade, o ser humano é bem mais complexo.

Agora, a pergunta é: "Testes de personalidade funcionam?". Eu mesmo pergunto e respondo: depende. Sabendo que as emoções do momento influenciam os resultados dos testes e que as pessoas não podem ser colocadas dentro de "caixinhas de personalidades", podemos acreditar que existem algumas maneiras de reconhecer as nossas habilidades, permitindo a nossa interação com o mundo.

Em suma, baseados nos estudos sobre a classificação tipológica, podemos concluir que vivíamos "até dia desses" a era dos extrovertidos, mas esse alinhamento está em transição rumo à era dos introvertidos, ou seja, era propícia ao surgimento de novos Steves Jobs, e um deles pode ser você.

Dessa forma, colocar as nossas missões de vida e medir as nossas personalidades, classificando-as por meio de um simples questionário, é uma conduta que pode esclarecer alguns pontos, pode até ajudar, mas é relativamente rasa. No entanto, o fato é que responder a uma dezena de perguntas a fim de entender melhor quem "a gente é", que tipo de trabalho combina mais conosco ou para onde (qual setor e função) direcionar aquele colaborador novo. Essa ideia parece tão boa que muitas empresas fazem contratações baseadas somente nela, uma estratégia aparentemente boa demais para ser excluída, contudo, na vida real não funciona bem assim e, para tudo, há exceções. Steve seria eliminado, caso tivesse se submetido a testes com tais estruturas.

Cometemos erros graves ao abraçar o "ideal da extroversão" como um perfil de exemplo a ser seguido. Algumas das nossas maiores contribuições na arte e nas invenções, além de teorias da evolução até as pinturas de Van Gogh e os computadores pessoais de Steve, vieram de pessoas quietas e pensadoras, que sabiam se comunicar com o mundo interior e as riquezas lá encontradas.

Susan Cain, escritora e conferencista americana, é a autora do livro *O poder dos quietos* e disse que sem os introvertidos o mundo não teria:

1. A Teoria da Gravidade;

- A Teoria da Relatividade;

- Os Noturnos de Chopin;

- *Em busca do tempo perdido*, de Proust;

A GRANDE LIÇÃO DE STEVE JOBS

- *1984* e *A revolução dos bichos*, de George Orwell;

- *A lista de Schindler, E.T.* e *Contatos imediatos de terceiro grau*, de Steven Spielberg;

- O Google...

E eu, Maurício, digo mais: não teríamos a Apple.

A ERA DOS STEVES JOBS

A ideia de que, para ser bem-sucedido nos negócios, ser um profissional de alto impacto e/ou um empreendedor acima da média, é necessário ter um perfil extrovertido acabou desfavorecendo quase metade da população mundial introvertida. Os tais testes simplesmente excluíram milhares de pessoas espertas, rotulando-as como "não compatíveis" baseados em critérios criados por um desconhecido.

Essa filosofia só foi abalada em 2012, quando a escritora que citei anteriormente, Susan Cain, publicou o livro *O poder dos quietos – como os tímidos e introvertidos podem mudar um mundo que não para de falar*.

Isso explica muita coisa. O aluno que tende a "não dar em nada" na vida, segundo os estereótipos criados pela sociedade extrovertida, acaba se superando e sendo mais vitorioso do que aquele aluno popular (igual do mesmo). Basta analisarmos a história e ver que alunos expulsos, os chamados de burros ou ignorantes, foram os tímidos (introspectivos mais importantes da história): Thomas Edison, Bill Gates, Albert Einstein, Steve Jobs...

Embora a tradução da obra use a palavra tímido, Susan deixa claro, logo nos primeiros capítulos, que timidez nada tem a ver com introspecção. Que muitas pessoas são introvertidas, mas não tímidas. Trata-se de pessoas capazes de subir em palcos, realizar ótimas palestras e discursos sem timidez, mas carregando uma personalidade extremamente introvertida, como o caso de Steve Jobs e seu discurso de Stanford.

Se você até agora se sentiu desconectado do mundo, um contrafluxo nas alamedas da introversão, e sempre achou que o mundo não o entendia porque é introvertido, pensando ser a tal ovelha negra da família, uma

A GRANDE LIÇÃO DE STEVE JOBS

verdadeira "Matilda", uma criança brilhante que cresceu em meio a pessoas estereotipadas, grosseiras e ignorantes, do filme de comédia e fantasia de 1996, dirigido por Danny DeVito, seja bem-vindo! Certamente, você tem grande potencial para ser um Steve Jobs desta geração. Sinta-se aliviado em saber que a culpa não é sua, e sim dos outros.

A classificação da autora para identificar se um indivíduo é introvertido ou não nada tem a ver com timidez, ter vergonha de falar com os outros ou se impor, mas algo mais ou menos percebido em duas situações opostas:

1. Imagine uma festa lotada de gente para conversar, ouvir outras opiniões, trocar ideias e conhecer outros pontos de vista, além de contar os seus. Uma festa com boa comida, gente bonita e música legal;

2. A outra ocasião oposta é estar em casa, quieto em pleno silêncio, sem qualquer pessoa para interagir ou conversar, apenas mergulhado em seus próprios pensamentos e ideias.

A pergunta para descobrir se o perfil é introvertido ou extrovertido não está em o indivíduo escolher quais dos dois cenários ele gosta mais, até porque é possível gostar de ambos, e ficar sem um deles aponta um desequilíbrio. A pergunta correta é: "Qual ocasião das duas situações drena mais a sua energia mental e qual recarrega?". Depois de uma semana puxada, para onde você tem vontade de ir? "Para a quietude da sua casa ou para a balada?"

Ser introvertido, segundo Susan Cain, é recarregar as baterias na quietude e não na multidão. Essa classificação é efetiva porque não tem julgamento de valor, não existe uma resposta certa ou errada, mas sim aquela que mais combina com seu perfil, ou seja, o seu jeito de ser. É assertiva, porque ela também entende que podemos mudar de ideia quando submetidos a situações de isolamento, como foi o caso do rapaz no Canadá.

O introvertido não é necessariamente tímido (acanhado). Ele está por todos os lados, "falando pelos cotovelos", ministrando palestras, dando consultorias, gravando aulas *on-line*, conversando com muita gente ao mesmo tempo, mas como Steve Jobs, o introvertido gosta mesmo de estar "só consigo mesmo", no modo avião de operação, organizando o *brainstorming* (explosão de ideias) e gastando poucas palavras.

A Era dos Steves é marcada por uma "apreciação sem moderação" em estar com a galera, mas "ama sem limites" a quietude, a solitude e a glória de estar sozinho. Tudo em prol de recarregar as energias e organizar os pensamentos/ideias em palavras, invenções e outras criações que contribuam com a sociedade. Trata-se de uma turma que adora o diferente, que curte o minimalismo e foge da popularidade. Não é atirada, saidinha e muito menos "compete" atenção ou se contradiz a fim de obtê-la. Por isso, não se comporta como a massa, em nenhum âmbito.

O problema é que os extrovertidos são aqueles que não param de falar, de aparecer demais e de forçar a barra na hora de se mostrar eficientes, tanto que convenceram a todos de que o jeito/perfil certo de se viver é o deles. Você já deve ter ouvido alguém dizer: "É que ele é tímido", como se a pessoa introvertida em questão tivesse um defeito.

Em suma, fazer parte da Era dos Steves não é para os fracos, indecisos e/ou pessoas que não conhecem suas identidades, pelo contrário. Trata-se de pessoas fortes, autoconfiantes, indiferentes à rejeição, e que não se curvam diante dos "arrazoadores" populares (aqueles que zombam ou se destacam por serem extrovertidos).

Ele não era complexado nem se incomodava de ser zoado pelos extrovertidos por andar com os *nerds* (uma turma introvertida). Ele sabia quem era, quais eram suas intenções e sonhos; dessa forma, era irrelevante a chacota dos comunicáveis. Ele não se reprimia a fim de agradar ou tentar fazer parte de um grupo extrovertido que liderava o mundo, sendo os preferíveis.

O que aprendemos com isso? Para ser um Steve Jobs desta geração, você precisará se desviar do "efeito manada", ignorar a opinião da massa extrovertida e acreditar fielmente em seus projetos e decisões. Talvez, nessa empreitada, você não encontre alguém que entenda seu perfil, sua personalidade introvertida e suas visões futuristas e acima da média, mas isso é um bom sinal. Já exemplifiquei anteriormente que ícones que fizeram grande sucesso, que revolucionaram geração e/ou marcaram épocas, geralmente eram homens de poucos amigos, de nenhum elogio ou reconhecimento inicial.

"TORÓ DE IDEIAS" OU MAIS CONHECIDO COMO BRAINSTORMING

Muito se tem falado sobre o conceito *Brainstorming* (traduzido do inglês como explosão/chuva de ideias), teoria que defende o método de se unir com um grupo de pessoas, a fim de extrair o melhor *insight* de várias cabeças pensando juntas, ao invés de uma individualmente. Mas para a sorte da Era dos Steves, foi descoberto algo que todo introvertido já sabia: "o *Brainstorming* é a pior maneira de se gerar ideias no mundo, segundo pesquisas recentes". Isso porque o *Brainstorming* é o jeito extrovertido de se criar ideias. Todo mundo falando ao mesmo tempo, defesas acaloradas, um interrompendo o outro, muitos julgamentos, vários pontos de vista. No fim, acaba vencendo a ideia de quem fala melhor e mais alto, ou a ideia do chefe, afinal, todos tem vergonha/receio de contradizê-lo.

A junção de várias mentes pode, sim, ser mais criativa que a parte individual, mas o jeito mais correto de chegar à melhor ideia e analisar cada *insight* individualmente e depois realizar uma "revisão das ideias", um *Design Sprint* (processo de cinco fases com restrição de tempo com o objetivo de reduzir o risco de trazer um novo produto, serviço ou recurso irrelevante ao mercado), metodologia criada pela Google Ventures que é um braço do Google. O precursor dela foi o *designer* Jake Knapp que, desde 2010, passou a aplicar e aperfeiçoar o processo.

O século XX praticamente foi estabelecido em cima de "pilares comunicáveis/extrovertidos", por "gênios de vendas" e "celebridades do entretenimento", por isso, o profissional ideal, líder e organização modelo são os extrovertidos, segundo os critérios sociáveis desses astros.

Em 2012, Mark Zuckerberg criou uma das maiores plataformas e mais acessadas do mundo: o Facebook. Desde então, o programador e empresário norte-americano ficou conhecido internacionalmente por sua genialidade, contudo um dos comentários mais comuns da época era o quanto Zuckerberg chegava a ser um "bicho do mato", introvertido, esquisitão, hesitante, e o quanto demorava em responder a uma pergunta, pensando bastante, analisando as questões.

Todos criticavam a forma cética dele em falar com a imprensa, uma comunicação "nada cativante", de como ele não conseguia falar em público ou arrebatar as multidões com suas ideias. Sem demora, Zuckerberg foi colocado na caixa dos introvertidos. Chegaram a dizer: "Não queremos uma pessoa assim como líder".

Anos depois, surge o polêmico Elon Reeve Musk, empreendedor, filantropo e visionário sul-africano-canadense-americano. Fundador, CEO e CTO da SpaceX; CEO da Tesla Motors; vice-presidente da OpenAI; fundador e CEO da Neuralink; e cofundador e presidente da SolarCity, subindo em palcos, e falando eloquentemente vários absurdos, e se tornou o mais novo ídolo dos *startupeiros* (pessoas com a cultura do Vale do Silício que sonham em fazer fortuna revolucionando o mundo). O tal "perfil" perfeito, eloquente e invejável encanta todo mundo com sua fala persuasiva e que acredita em seus projetos, estipula metas e coloca tudo em prática com as "mãos nas costas". E fazer o quê? Todos estão convencidos de que os extrovertidos são mais bem-sucedidos.

Estamos deixando de ser esse "bicho perfeito e super-racional" exigido pela sociedade e estamos nos tornando mais livres, mais soltos para inovar como Steve Jobs inovou e ousou, sem complexos de inferioridade por sermos diferentes da massa, mas tendo consciência de que o diferente é o ser mais inteligente.

A parte que mais interessa é que estamos diante de um mundo novo, "meio parecido" e "meio totalmente inventado", para ser desbravado pelos novos Steves desta geração, e agora sem a culpa, o peso ou o complexo por ser um ser esquisitão.

BERÇO DE IDEIAS

Vimos nos primeiros capítulos que Jobs e Woz precisavam de um sócio, já que seus poucos recursos financeiros haviam acabado; além disso, eles precisavam de uma supervisão adulta para fazer o negócio crescer, lembra-se?

Não era novidade que as pessoas que conheciam Jobs em busca de sociedade ficavam extremamente intrigadas. Ele era meio esquisitão. Uns achavam Jobs maluco, outros o recomendavam para outros investidores, contudo quase sempre "não dava em nada". Mas pelo menos um deles reagiu e expôs sua opinião sobre sua aparência *hippie*, e disse: "Este é um renegado da raça humana".

Jobs não se deu bem naquela entrevista (e em muitas outras), mas ainda assim não se curvou. "Deu de ombros".

Fico pensando o que poderia ter acontecido se Jobs tivesse se convencido a mudar a sua identidade a fim de agradar os "astros endinheirados" com a finalidade de conseguir uma suposta sociedade. No livro *Normose: a patologia da normalidade*, os autores dizem: "Quando temos necessidade de, a todo custo, ser como os outros, não escutamos nossa própria vocação".

Embora a entrevista tenha sido um fiasco, Jobs ficou feliz por ao menos ter sido apresentado a um veterinário e engenheiro da Intel, Mike Markkula. Jobs era otimista e valorizava pequenas conquistas.

Mike Markkula gostou da apresentação de Jobs e contribuiu com 250 dólares para a causa, mas em troca pediu um terço da empresa. Markkula era um homem de negócios e forneceu uma base sólida para a visão e operações de Jobs, que por sua vez reconheceu a contribuição de Markkula e fez bom uso das habilidades técnicas de Woz.

A GRANDE LIÇÃO DE STEVE JOBS

Markkula teve um papel de liderança fundamental, principalmente dando suporte ao que Jobs e Woz estavam desenvolvendo na época.

Embora Woz não acreditasse muito e oscilasse, o Apple II decolou, gerando 300 milhões de dólares em vendas e transformando ambos em milionários quase instantemente. O "introvertido e taxado de renegado" acabara de contribuir grandemente com a sociedade e trazer ao mercado um produto que mudaria nossas vidas para sempre.

Com tanto sucesso estourando, os Steves tiveram a oportunidade de contratar uma equipe de engenheiros do PARC (Palo Alto Research Center), nada menos que "O Centro de Pesquisas da Xerox", considerada o "berço das ideias" da época. Jobs estava enlouquecido e não comemorava tanto o fato de ser o mais "novo rico", ele queria mesmo era observar os engenheiros do PARC. Seria como estar em um parque de diversões para uma criança, por isso, ele ofereceu 100 mil dólares em ações da Apple em troca de apenas três dias de contemplação.

O PARC tinha inúmeras ideias em desenvolvimento, incluindo aquilo que se tornaria a tecnologia de impressão a *laser* e, mais importante de todas para a história, para a *Graphic User Interface*, traduzido do inglês como Interface Gráfica do Usuário, representado pela sigla GUI, atualmente conhecido como o famoso *mouse* do computador.

Os cientistas do PARC ficaram receosos de revelar os seus segredos para a Apple e isso foi ótimo para Jobs. Caso contrário, seus feitos e invenções poderiam ser creditados ao PARC.

Tempos depois, o PARC testemunhou em favor de Jobs e disse brincando: "Depois de uma hora observando os demos, a Apple (Steve Jobs) entendeu nossa tecnologia e o que ela significava". "Aliás, entendeu melhor do que qualquer outro executivo da Xerox, mesmo depois de passarmos anos mostrando isso a eles". Mais tarde, Larry Tesler, um dos cientistas do PARC, se juntaria à Apple.

Jobs era tipo um "profeta indignado" e chamou os cientistas da Xerox de "um monte de máquinas copiadoras, que não tinham ideias próprias e nem mesmo noção do que um computador poderia fazer".

"POR QUE ESTAMOS AQUI?"

Jobs e sua galera saíram do PARC com boas inspirações para adicionar a GUI à futura máquina que estava sendo desenvolvida, conhecida como Lisa. O computador Lisa trouxe a GUI e tinha a intenção de transformar a Apple em um importante jogador no mundo dos negócios, mas não tiveram sucesso, em função do preço sugerido (10 mil dólares).

Embora Jobs fosse o presidente da Apple e soubesse que esse valor não era acessível, ele não podia dar muito palpite, pois não era o CEO (cargo, aliás, que nunca fora oferecido a ele). Markkula tinha recrutado um novo CEO, Mike Scott, para comandar os negócios e Jobs não devia se intrometer. Afinal, se Jobs e Woz haviam contratado supervisão adulta, deviam confiar.

Enquanto tudo isso acontecia, Jef Raskin, escritor de tecnologia e *expert* em publicações contratado pela Apple, vendeu para a organização a visão de uma máquina menor e integrada, o que viria a se tornar mais tarde o computador de mesa (*desktop*). Em 1979, Jobs e Markkula compraram a ideia e pediram para Raskin comandá-lo.

A ideia do Mac estava bem alinhada com a visão e identidade de Steve Jobs. Ele enxergava aquele projeto como uma forma de levar computação ao homem comum e era pessimista quanto aos esforços da equipe que trabalhava no Lisa (e dos desenvolvedores do Apple III, que teve uma vida curta devido a problemas técnicos), para atrair a comunidade empresarial, Jobs acabou se tornando o líder da equipe do Mac.

Pouco tempo depois, Jobs e outras pessoas se decepcionaram com Scott e começaram a procurar por um novo CEO. Jobs queria um profissional focado no consumidor e com experiência no mercado de

A GRANDE LIÇÃO DE STEVE JOBS

consumo. Após pedir recomendações, Stanford enviou duas, e uma delas era o então CEO da PepsiCo, John Sculley.

Sculley recusou a oferta inicialmente, pois não se sentia à vontade em trabalhar em uma organização relativamente nova, sem experiência na área de tecnologia e instável no mercado. Jobs não desistiu e o convenceu com a frase deste capítulo: "Você quer passar a vida vendendo água com açúcar ou quer ter a chance de mudar o mundo?". Sculley sorriu reflexivamente e não demorou muito para se unir a Jobs, aliás, eles se davam incrivelmente bem.

Sculley deu uma nova cara para a Apple. Ele administrava a empresa, trabalhava no labirinto necessário e ainda fazia os produtos chegarem ao mercado: Jobs trazia o projeto Mac à vida. Ambos faziam tudo juntos: gerenciavam, iam a reuniões e até almoçavam.

Na época, a Apple tinha cerca de quatro mil colaboradores, sendo que três mil deles estavam trabalhando no Apple II, uns 900 atuando no Lisa e 100 no Macintosh.

O envolvimento de Jobs em seus projetos era intenso. Ele se preocupava e trabalhava duro em cada detalhe. Quando um pequeno defeito em um *software* era identificado, ele não permita que fosse vendido sem a devida legenda "demo". Steve era perfeccionista e exigia que seus colaboradores seguissem seus padrões (veja aqui um grande exemplo de liderança, um assunto que falaremos mais adiante).

"PRODUTOS QUE
NOS FAZEM SORRIR"

O Mac era uma máquina vendida em um pacote completo e sem acessórios complementares. Tratava-se de uma engenhosidade simples e menor do que qualquer outra vista no mercado. O Mac era semelhante ao próprio inventor, amigável com o consumidor, visionário e contracultural para a época.

O Mac ficou pronto para o lançamento oficialmente em 1984. Era o surgimento de um produto inovador, tanto que a Apple queria anunciá-lo em grande estilo e comunicar a visão por meio de um anúncio compatível com o mesmo alto nível do produto – o Super Bowl de 1984. O PC da IBM tinha sido apresentado alguns anos antes e ganhado força entre os usuários e desenvolvedores, principalmente no universo corporativo, e falar o quê? A IBM era a IBM. Dessa forma, a agência que desenvolvia a publicidade da Apple criou o antídoto perfeito: a ideia fora retirada do livro *1984*, de George Orwell, em que colaboradores olhavam para uma suposta tela que finalmente era destruída por uma jovem enquanto uma voz dizia: "Em 24 de janeiro, a Apple Computer irá apresentar o Macintosh. E você verá como 1984 não será como 1984". Uau...

Sculley ficou grandemente incomodado com a propaganda, a bancada da diretoria odiou a proposta, mas Jobs, Jobs amou. Woz disse: "Isso nos define". Sendo assim, o vice-presidente seguiu em frente.

Atualmente, o anúncio é considerado uma obra-prima e uma das campanhas de publicidade mais assertivas de todos os tempos. A propaganda, todavia, trouxe à luz as diferenças entre Jobs, Sculley e os demais líderes da organização.

A GRANDE LIÇÃO DE STEVE JOBS

Inicialmente, as vendas do Mac foram bem-sucedidas, contudo, os números rapidamente foram diminuindo devido à fraqueza da economia e do esgotamento da multidão. A dois mil dólares, o Mac era caro para aquisição de pessoas comuns. Mas isso mudou em 1985, com a introdução da LaserWriter e com o programa Aldus PageMaker.

Parte da visão de Jobs era dar ao Macintosh e aos computadores em geral uma utilidade semelhante àquela que a LaserWriter trouxe por meio da primeira impressora a *laser*. A LaserWriter não só proporcionou o novo mercado de *desktop* que Raskin havia concebido inicialmente, como sua força colocou a Apple à frente de fontes criativas durante anos, mas ainda assim, nem tudo ia bem na empresa.

As diferenças de visão e estilo entre Jobs e Sculley – antes inseparáveis bons amigos, agora completamente divergentes quanto aos modelos de negócios – eram nítidas. Ambos não conseguiam mais entrar em um consenso a respeito da comercialização do Mac. Sculley visava vendê-lo somente para empresas e contratou um grande número de vendedores apenas para isso. Ele queria controlar as prateleiras vazias dos distribuidores, copiando o modelo de distribuição da Coca-Cola. Já Jobs via o Mac como um produto voltado para o acesso de todos, consumidores comuns. Além disso, ele queria estabelecer uma distribuição direta com a FedEx com a finalidade de aumentar a velocidade dos serviços, economizar nos investimentos com a distribuição e proporcionar ao consumidor comum um modelo de negócio semelhante ao da Dell.

Mas os desacordos não pararam por aí...

Sculley e Jobs não se entendiam mais em uma série de questões. A Apple estava se tornando mais uma empresa de venda do que de criação de produtos. Jobs ficou extremamente irritado por, infelizmente, vários notáveis empresários, incluindo Mike Markkula, a se posicionar contra ele. Foi justamente aí que Sculley disse a Jobs que ele não comandaria mais a equipe do Mac e que deveria ocupar uma posição hierarquicamente inferior: diretor de tecnologia. Um soco no estômago.

Não vou me estender no episódio da "demissão" de Jobs da sua própria empresa, pois esse assunto já foi esmiuçado e contado nos mais diversos livros a respeito dele e da Apple.

Jobs não concordou com a decisão dos membros da diretoria em afastá-lo, mas não brigou, apenas pegou o seu carro e dirigiu para longe dali. Um distanciamento que duraria onze anos. Somente em 1995, no Smithsonian Awards Program, Jobs tocou nesse assunto pela primeira vez e falou sobre o problema – que não foi o crescimento rápido da empresa ou a mudança em sua carreira, mas sim uma transformação radical dos valores de uma organização baseada na criação de produtos inovadores para uma empresa igual a outras baseadas em dinheiro. A visão tinha se diluído. Jamais aquilo funcionaria, uma empresa baseada em dinheiro em vez de criação de produtos que alcança seu sucesso por meio da inovação.

Em um comentário amargo durante a entrevista, Jobs disse: "John Sculley arruinou a Apple". E a destruiu trazendo consigo diversos valores corrompidos, corruptos e corrompendo algumas das pessoas que estavam lá. Sculley expulsou alguns que não eram corruptíveis e levou mais corruptos, para os quais pagou dezenas de milhões de dólares e que se preocupavam mais com a glória e riquezas próprias do que com construir, em primeiro lugar, a Apple, que estava fazendo ótimos computadores para todos usarem". Após essa afirmação, Jobs ficou em silêncio por alguns segundos e respirou fundo.

Sculley não deixou barato e escreveu em seu livro de memórias *Odisseia*: "Jobs era um fanático; sua visão era tão puritana que ele não poderia acomodá-la nas imperfeições deste mundo". Sculley foi "só mais um" sócio que colocou em dúvida as visões de Jobs, dizendo se tratar de um "plano lunático", pois a "alta tecnologia" não poderia ser concebida e vendida como um produto de consumo.

Tudo isso foi definitivamente uma experiência de aprendizado para Steve e certamente reforçou a sua resiliência e seu desejo de seguir em frente, buscando um caminho diferente, criando a própria loja, em vez de pensar como os pequenos e disputar espaço nas prateleiras das lojas de distribuidores.

A GRANDE LIÇÃO DE STEVE JOBS

Após longos anos, Sculley e Jobs reconheceram a importância e contribuições um do outro ao legado da Apple e, vez ou outra, trocavam *e-mails* breves. Quando Sculley saiu da Apple, enviou uma mensagem: "Steve, devo muito a você. Por você ter se preocupado tanto, o mundo é um pouco diferente. Você criou produtos elegantes, atraentes para o usuário e viciantes, produtos que nos fazem sorrir".

Sculley havia demorado longos anos para reconhecer um sentimento presente na maioria de nós desde o início. Um sentimento de perda que Sculley não percebeu em 1985, no entanto, ao voltar para a Apple em 1995, ficou evidente.

SE VOCÊ FAZ ALGO
E ISSO É BOM,
VOCÊ DEVE FAZER OUTRAS
COISAS MARAVILHOSAS:
O QUE VIRÁ EM SEGUIDA?

J obs era semelhante a "um mártir da tecnologia". Taxado de puritano, lunático, renegado da sociedade, *hippie* sem futuro, entre outros nomes. Excluído, desacreditado, ignorado, expulso... Mas todos esses acontecimentos não foram suficientes para impedi-lo ou desistir.

Em uma de suas frases mais marcantes, ele disse: "Acho que se você faz algo e isso é muito bom, você deve seguir em frente e fazer outra coisa maravilhosa, e não se debruçar sobre a mesma coisa por muito tempo. É preciso apenas descobrir o que virá em seguida". Afirmou isso com propriedade, já que precisou fazer coisas novas e descobrir o que viria depois da Apple.

De acordo com diversas fontes, inicialmente Jobs não soube lidar muito bem com sua saída da empresa. Todavia, como veremos a seguir, aquela foi a experiência de mais amadurecimento que vivenciou. Conta-se que durante anos ele chorou copiosamente e vivenciou a dor de ter perdido sua paixão. Certamente, "essa doeu".

Mas desistir nunca foi uma opção para Jobs, logo ele deu início a outra empresa, a NeXT, que acabou sendo um fracasso. Ele também conseguiu comprar uma empresa de animação gráfica, parte da Lucasfilm que anos depois viria a ser a Pixar. Contudo, em vez de vender trabalhos gráficos, a Pixar acidentalmente acabou se transformando em uma produtora de longas-metragens devido ao acordo com a Disney.

Outra vez, Jobs teve a oportunidade de trabalhar ao lado e com "gente grande", tanto na NeXT como na Pixar, podendo combinar suas energias criativas com outras forças poderosas empresariais e mercadológicas. Na NeXT, ele falhou quase globalmente, mas angariou boas experiências, afinal somos o que aprendemos e vivemos. Todas essas novas experiências foram fundamentais para dar forma à próxima geração de produtos da Apple.

Ele estava renascendo, e tantas perdas, erros e fracassos "cooperaram para o seu bem" e crescimento. É interessante como nunca queremos aceitar o fato de que as falhas, decepções e derrotas podem ser boas. Podem ser pontes indestrutíveis para o recomeço, para um novo ciclo.

Na Pixar, Steve aprendeu bastante sobre gerenciamento de grandes equipes técnicas em um ambiente criativo e sobre grandes negócios, em razão das relações com a Disney.

O retorno de Jobs à Apple em 1996 o deixou absurdamente preocupado, pois a empresa estava de "pernas para ar", uma bagunça completa. A Apple estava perdendo dinheiro, mas Jobs estava preparado para, praticamente sozinho, transformar outra vez a organização de uma atrasada retrógrada fabricante de computadores à potência digital que conhecemos hoje. Diversos observadores acreditam que mudanças não teriam acontecido se não fossem os onze anos que ele viveu fora dela.

Nesses anos, o estilo de liderança de Jobs se desenvolveu com sua forte visão do consumidor e do produto, mas também carregou a maturidade necessária para trabalhar em um ambiente corporativo. Além disso, o introvertido Jobs havia desenvolvido uma harmoniosa presença de palco e a "cara do produto" jamais alcançada antes.

Como dito antes, todas as coisas haviam cooperado para o seu bem.

A NEXT:
A LEVEZA DE NOVAMENTE SER UM INICIANTE

> "Acho que tenho mais cinco ótimos
> produtos em mim."
> **STEVE JOBS**

Tendo sido expulso da Apple, Jobs estava totalmente envolvido no processo de iniciar uma nova empresa e criar produtos, que ele havia nomeado como um bom tirano – é claro!
Ele tinha 31 anos na época e seguia pela Rota 101 no Vale do Silício, a caminho de uma reunião em São Francisco, quando disparou a frase de abertura deste capítulo ao jornalista Joe Nocera, que o entrevistara em nome da revista Esquire. Após seu exílio da Apple, Jobs ainda exalava inovações em seus poros, e em suas veias corria a necessidade de criar.

Jobs não estava disposto a parar de criar produtos e perseguir suas visões. Por isso, mesmo tendo uma fortuna de 200 milhões de dólares, ele queria abrir uma nova empresa. Ele queria saber o que vinha depois do maravilhoso.

Jobs fundou a NeXT Computer Inc., batizada apropriadamente – utilizando boa parte de seu próprio dinheiro. Seu objetivo era projetar a próxima geração do Macintosh, a máquina dos sonhos voltada para os usuários de ponta e para o mercado superior. Apesar de a NeXT ter se tornado o primeiro servidor de *internet*, ele era caro, embelezado e pobre demais em *softwares* para alcançar o êxito pelo qual fora criado. Ainda assim, o sistema operacional central desenvolvido tornou-se modelo para o bem-sucedido sistema operacional OS X ("OS Ten") e alguns de seus elementos se tornaram também o bilhete de volta para Jobs à Apple, no final de 1996.

A GRANDE LIÇÃO DE STEVE JOBS

Outra manifestação das visões de Jobs foi a inovação com o NeXT-Mail, o primeiro sistema de *e-mail* baseado em gráficos integrados, clicáveis e visíveis. Além disso, tratava-se de um computador interpessoal, isto é, conectado em rede. Depois de mais de 50 mil máquinas vendidas, a NeXT Computer esmoreceu e passou a focar na criação de programas, até ser vendida para a Apple em novembro de 1996.

Por meio da NeXT, Jobs pôde refinar e amadurecer seu estilo de liderança, além de ter potencializado seu lado criativo. Sabemos que, sob o rigor das avaliações tradicionais, a NeXT pode ser considerada um fracasso, mas ela foi um ótimo lugar para Jobs trabalhar e serviu como um importante passo para um novo começo no caminho que ele viria a trilhar.

Ao mencionar sua experiência com a NeXT, Jobs afirmou: "Eu não vi isso na época, mas, no fim, ser demitido da Apple foi a melhor coisa que poderia ter me acontecido. O peso de ser bem-sucedido foi substituído pela leveza de ser novamente um iniciante".

Ter menos certeza das coisas, ser livre e entrar em um período mais criativo foram as recompensas de Jobs, e isso o dinheiro, o sucesso e a fama não poderiam ter comprado.

Tempos depois, devido a um processo de divórcio, a Lucasfilm foi colocada à venda, levando Jobs a comprar uma divisão. Embora não estivesse em seus planos comprá-la, ele "se jogou" na ideia. O empreendimento que se tornaria a Pixar foi colocado à venda em 1986, e Jobs o comprou por 10 milhões de dólares com a pretensão de desenvolver *hardwares* gráficos de alto padrão. Esses produtos nunca obtiveram sucesso e não se tornaram vendáveis, mas a organização conseguiu um bom feito.

A Pixar estava produzindo curtas-metragens premiados, mas Jobs sentiu que ela nunca ganharia impulso da forma que estava e procurou algo maior. Foi justamente nessa fase que John Lasseter, ex-animador da Disney, na época funcionário da Pixar, apresentou o roteiro de um filme de animação maior chamado *Tin Toy*.

John Lasseter produziu um curta que surpreendeu Jobs, a ponto de ele resolver correr o risco e investir de seu próprio bolso. Jobs e Lasseter procuraram a Disney com a pretensão de vender a ideia como um programa de uma hora, todavia a Disney viu aquilo como um longa-metragem.

Surgiu então o fenômeno de bilheteria *Toy Story*. Obviamente, teve algumas falhas na produção, entre outros problemas com a Disney, mas o filme lançado em 1995, e após alguns anos de trabalho, foi um êxito e redefiniu a Pixar como uma produtora de filmes e não somente uma fabricante de *hardware*. A Pixar já lançou mais de 25 longas, e o estúdio nunca perdeu dinheiro. Em 2006, Jobs vendeu sua participação na Pixar para a Disney por 7,4 bilhões de dólares em ações da Disney, o que o tornava o maior acionista.

O papel de Jobs na Pixar era semelhante a um líder empresarial do que criativo. Ele lidava com negociações e relações com a Disney (agora ele fazia a supervisão adulta que um dia necessitou) e praticamente deixou os responsáveis pela criatividade sozinhos para fazerem seu trabalho, algo que ele geralmente não costumava fazer quando se tratava de *hardware*.

Mesmo que muitos especialistas questionem a confiança de Jobs em seus colaboradores, ele contratava boas pessoas e colocava muita fé em seus talentos e na capacidade de elas tomarem decisões, principalmente quando se tratava de assuntos que não eram de seu entendimento.

E por que faço questão de contar cada passo de Steve a você, amigo leitor? A resposta é simples. Com a finalidade de aprender a ousar como Jobs ousou, é imprescindível que conheça suas vitórias e seus fracassos. Que reconheça a resiliência, paciência e persistência que o nosso símbolo demonstrou ao longo de sua vida, além de se reinventar constantemente.

Repare que, mesmo estando "de certa forma" infeliz longe da Apple, sua obra-prima, ele continuava investindo em novos projetos, fazendo *networking* com pessoas grandes e inovando. Ele não desistiu, embora estivesse desanimado. Ele havia até aprendido a seriedade de supervisionar pessoas. Certamente, Jobs estava amadurecendo.

O fato é que mesmo os menores feitos de Jobs foram excepcionais e nos trazem grandes lições. Além disso, ele foi modesto ao dizer: "Tenho mais cinco ótimos produtos". Quando olhamos para a lista de inovações, percebemos que ele foi a própria descoberta.

APPLE SEM O STEVE:
"FOGUEIRA SEM BRASA"

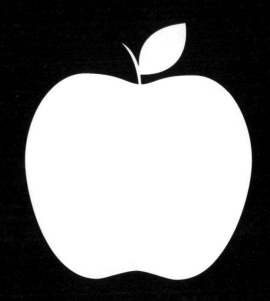

Desde que Jobs deixou a empresa em 1985, até seu retorno em 1996, a Apple passou por uma espécie de "grande depressão". Havia muito fogo, mas não tinha lenha; logo, pouco a pouco, o fogo que ardia foi minguando.

A organização tentou expandir a plataforma do Macintosh para todos os gostos, tamanhos e formas, mas o único sucesso de lançamento foi apenas o Powerbook, uma versão bem pesada do Mac. O produto oferecia portabilidades e capacidade de conexão em rede, entre outras ferramentas para *notebooks*, fora que o Powerbook serviu também de modelo para outros virem.

Contudo, inacreditavelmente, a Apple se tornava cada vez mais banalizada durante esse período, e a organização decaía ao tempo em que o Windows captava todo crescimento de computadores pessoais, principalmente com o grande sucesso do lançamento do Windows 95 acompanhado do *hardware* muito mais barato em comparação da memória dos poderosos processadores (como Jobs previa).

Em virtude disso, a Dell e a Compaq se tornaram líderes de mercado e dominavam o mundo corporativo, ganhando a cada dia mais território. A única coisa que a Apple fez foi processar a Microsoft por copiar a interface do Lisa, mas isso nunca deu em nada.

Depois de muitos anúncios fracassados e produtos que não davam resultados, Sculley conheceu a "serventia da casa" (a porta da rua), a mesma porta que Jobs ultrapassou anos atrás quando Markkula o demitiu.

Após quase dez anos, a Apple tinha "caído em si" e vivenciou seu maior drama: "ter perdido o cabeça e inventor". Obviamente, esse dia ia chegar, levasse o tempo que fosse.

A GRANDE LIÇÃO DE STEVE JOBS

Mesmo com os esforços dos dois CEOs seguintes, Michael Spindler e Gil Amelio, as coisas não melhoraram; pelo contrário. A organização, aliás, perdeu dinheiro durante três anos consecutivos, de 1996 a 1999. A pior besteira que Amelio fez foi se concentrar no corte de custos operacionais, uma estratégia que jamais seria assertiva.

A Apple batalhou para entrar em outros mercados, como o de PDAs (*Personal Digital Assistent*), ou conhecido como *palmtops*, e lançou o Newton, outro grande fracassado. Amelio, no entanto, conseguiu enxergar o sistema operacional do NeXT como algo interessante para a próxima geração do Macintosh. Além disso, a Apple trouxe Steve Jobs "de volta para o futuro" como parte de um acordo de 429 milhões de dólares.

Jobs ressurgia das cinzas. O sol do meio-dia havia brilhado outra vez a ele, e agora, mais do que nunca, havia muito trabalho a ser feito.

Todos tinham certeza do que estava prestes a acontecer, exceto Amelio, que foi despedido logo em seguida pela bancada da diretoria, que andava insatisfeita com as quedas dos resultados e preços das ações. Jobs retornou assumindo o cargo de CEO interino, após ter sido conselheiro durante algum tempo.

Olhando hoje, é difícil imaginar o cenário altamente crítico que a Apple enfrentou, mas em 1997, era nítido o quanto ela estava com a "corda no pescoço". Jobs então recomeça sua jornada.

Quando Jobs retornou, encontrou a "casa" completamente bagunçada, os produtos da Apple eram apenas versões requintadas de *desktops* e *notebooks* Mac. Além disso, ela tinha falhado com o Newton, as suas ações estavam caindo exponencialmente, a organização contava com um grupo de seguidores micro, entre eles *designers* gráficos, estudantes e especialistas que não eram *killer app*, ou seja, não tinham sangue nos olhos. A Apple não circulava no corpo deles. O sistema operacional estava ultrapassado e velho, e não era mais atraente.

Seus programas estavam limitados e diversos títulos desenvolvidos para plataforma Mac e seus programas não estavam funcionando. Os revendedores da Apple estavam desaparecendo, ao mesmo tempo em que o Windows estava em extraordinária ascensão.

Logo de cara, Jobs identificou dois problemas fundamentais: falta de foco e direção. A Apple estava produzindo e catalogando mais de 15 plataformas de produtos e milhares de variações delas. Definitivamente, essa não era a fórmula de sucesso em nenhum negócio, muito menos no mercado de tecnologia. Havia quantidade e pouca qualidade. Sculley tinha batalhado por "espaços na prateleira" e afundado a Apple nessa ideia débil.

Jobs entrou em ação e, no final de 1998, ele já havia diminuído o número de produtos específicos de 350 para 10. O estilo de liderança de Steve Jobs estava prestes a arrebatar outra vez o mundo e reassumir o seu controle.

CAIXAS BEGES ENTEDIANTES: UM CONVITE PARA OUSAR MAIS UMA VEZ

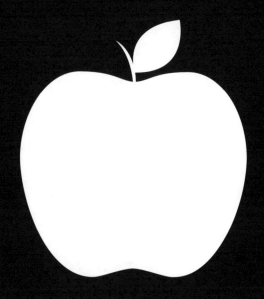

M ark Twain disse: "Toda vez que você se encontrar do lado da maioria é hora de parar e refletir". E Jobs definitivamente sabia que com a popularidade da *internet*, em ascensão não apenas no mundo corporativo, mas também entre os consumidores comuns, deixava claro o quanto estava na hora de idealizar novos produtos – inovar.

Jobs carregava o lema de que "alguém que vive dentro de suas possibilidades sofre de falta de imaginação". Dessa forma, ele decidiu desenvolver o iMac (um computador "*all-in-one*"), com painéis coloridos, um *drive* óptico (leitor de CD) com porta USB, sem *drive* para disquete e uma "abertura traseira que fosse mais atraente do que a parte da frente de qualquer concorrente". Para isso, Jobs contava com o renomado *designer* industrial inglês Jonathan Ive, em um laboratório secreto, se precavendo das "rasteiras" e roubos de suas ideias.

O iMac surgiu no auge dos computadores "beges, iguais e entediantes". Por isso, mais uma vez Jobs ousava em um mercado imponente com pés de ferro da mesmice. O novo computador da Apple foi de encher os olhos dos consumidores em qualquer loja. Ele chegou celebrando o novo milênio, sendo bastante arrojado, atraente e novo. Jobs tinha o dom! E o de costume aconteceu, a máquina vingou e vendeu muito bem. Além disso, recebeu críticas positivas dos especialistas. E não era surpresa, pois tudo aquilo que Jobs tocava "prosperava" maravilhosamente.

Em 2000, foi devolvida à Apple a posição de líder de mercado e de computadores pessoais de *design*. O iMac e seus precedentes unidos, como o atualizado/renovado sistema operacional OS X, chegaram com alto visual, conquistando o público.

A GRANDE LIÇÃO DE STEVE JOBS

O significado do "i" do nome iMac foi inicialmente pensado pela Apple por causa da *internet*. Apesar de ser um nome bem elaborado, o "i" transmitia também a ideia tácita de "individual". A força do "i" foi enorme para o mercado, além de transmitir uma visão de introversão, de transformação da Apple de uma empresa de computadores banalizada para uma empresa de tecnologia digital. Em sua agulha: o iPod.

Com o *boom* da *internet*, o mundo da música também foi fortemente abalado. Verdadeiramente, o novo milênio trazia consigo grandes novidades e possibilidades.

Na ocasião, não era mais preciso comprar CDs para ter acesso às bandas favoritas. Pela primeira vez na história, era possível baixar e compartilhar músicas por meio da *internet* e de forma gratuita. Embora fosse *free*, era também complicado, e mais tarde foi considerado ilegal, mas até então podia ser feito sem restrições. Jobs, como bom amante da música, percebeu isso e enxergou com clareza o quanto o universo musical poderia se tornar digital "algum dia", por isso cogitou a ideia de favorecer a experiência dos consumidores.

Downloads seguros e com tecnologia simples, *design* apropriado e personalizado, facilidade na compra de novas faixas. Retornos e lucros justos para os revendedores. Tratava-se de uma visão óbvia (olhando em retrospecto), mas os "donos das artes" estavam muito longe de entender e aceitar tais visões de Jobs, como de costume.

Fast forward: o iPod foi um resultado esplêndido. Trava-se de pequeno disco rígido de 1,8 polegadas que havia sido desenvolvido pela Toshiba no Japão. Aquela era uma solução à procura de um problema que poucos conseguiam perceber existir.

Os escassos tocadores de músicas que haviam sido produzidos antes tinham embasamento em *chips* de memória, no entanto, não eram capazes de armazenar grande quantidade de canções e, com toda certeza, não eram capazes de armazenar bibliotecas inteiras como Jobs idealizava.

Ele imaginava um aparelho que pudesse armazenar muitas canções, por isso, ter uma biblioteca seria perfeito. Contudo, o aparelho devia ter autonomia de bateria suficiente para tocar essa biblioteca, precisava fazer o *download* das músicas de forma rápida, em 10 segundos, não em 10 minutos, muito menos em 10 horas, e os consumidores queriam que o aparelho carregasse um estilo minimalista, ou seja, que fosse algo simples e objetivo.

Ninguém queria lidar com vários botões minúsculos e difíceis de entender enquanto tentava navegar pela biblioteca. Eles queriam a praticidade e rapidez semelhante a de segurar um LP e colocá-lo no toca-discos, deixando a agulha deslizar... Ou seja, nada que não fosse resolvido em segundos.

Além disso, esses mesmos consumidores queriam uma loja simplista, audaciosa e barata para adquirir suas músicas – algo acessível. Jobs deu isso a eles. E o que ele fez?

Com uma *expertise* de outro mundo, Jobs reuniu tudo isso e criou a solução completa: um *drive* de 1,8 polegadas com armazenamento, uma bateria durável; outro produto da Apple, o FireWire, forneceu o *download* rápido. Mas ainda faltava a loja de música, a cereja do bolo.

Bem, mas essa suposta cereja (loja de música) exigia muita criatividade. Por isso, o próprio Jobs brilhantemente apresentou essa última peça de sua visão à indústria musical, que já resistia à ideia de *download* pela *internet*.

Ele propôs o preço de 99 centavos de dólar por faixa, o que era cabível ao bolso da maioria dos consumidores. Uma proposta irrecusável de um *download* fácil e legal, e alto o suficiente para oferecer às gravadoras um lucro aceitável.

Toda essa visão foi apresentada no lançamento ocorrido no final de 2001. Jobs teve a *expertise* fundamental de oferecer aos consumidores um produto que eles precisavam, mas sequer tinham consciência disso até começarem a usar o iPod e o iTunes.

UMA EPIFANIA BRILHANTE

O iPhone motivou Steve e seu pessoal a enfrentar outro grande desafio colocado pelos consumidores: o telefone celular. E como Jobs não "fugia da raia", ele projetou um dos telefones celulares mais ousados que já havia existido.

Os consumidores odiavam os telefones celulares oferecidos na época, assim como os engenheiros da Apple odiavam os seus "aparelhões" feios, pesados e complexos, com vários botões deselegantes, teclados retraídos e funções limitadas, além de não ser nada divertido, atraente ou interessante.

Abreviando, os engenheiros da Apple rapidamente projetaram uma solução elegante, arrojada e simples: o iPhone. O novo aparelho tinha apenas um botão, reunia elementos diferentes e concretos de miniaturização e do *design* do iPod, carregando elementos do macOS, com admirável tela, bateria duradoura e outros itens de *hardware*.

Assim como o iPod, que unia elementos diferentes, o verdadeiro sucesso foi desenvolver o ecossistema em torno do telefone – os aplicativos. Uma enorme rede de desenvolvedores, agora contando com mais de cem mil, viu uma plataforma nova, interessante e atraente surgir, eles começaram a trabalhar para projetar novos aplicativos. Em 2012, já existiam cerca de 500 mil aplicativos disponíveis na loja da Apple.

#TudoJuntoeMisturado: o iPod.

Com o iPod, você tem acesso a uma loja de aplicativos, ao iTunes e uma incrível tecnologia de telas sensíveis ao toque (*touchscreen*), um visual sem igual, um universo cada vez mais conectado com redes *wi-fi* e serviços 4G. Leitores de *e-books/e-pubs* espalhados por todos os lados, jogos e vários tipos de conteúdo eletrônico em forma de jornais, revistas, notícias etc.

Uma galera que desde o lançamento do iPod substituiu a forma dos *boots* demorados, do tamanho, do peso e da posição das telas para a leitura relativa, excluindo a inconveniência dos *notebooks*. Consumidores querem estar conectados em tempo real, de maneira remota, o quanto possível em todos os lugares inimagináveis, principalmente agora, que estamos na era dos nômades digitais, dos introvertidos, dos profissionais *home office.*

As filas na frente das lojas Apple eram imensas. As pessoas queriam aquele aparelho inovador que permita assistir a vídeos, ler livros e jornais e jogar, sem precisar de um *mouse* nem teclado físico, tampouco a necessidade de uma CPU ou uma tela gigante. Jobs mostrou aos consumidores o que eles precisavam sem saber que precisavam até fitar os olhos nos produtos da Apple. Foi amor à primeira vista!

Não demorou muito para o iPad se tornar o principal dispositivo usado pelos consumidores de fácil acesso à *internet*, fazendo dos computadores uma máquina destinada apenas para armazenar grande quantidade de dados, escrever e produzir extensos relatórios e apresentações de *PowerPoint*, entre outras atividades.

Além disso, não levou muito tempo para uma das maiores transições ocorrerem: os produtos da Apple desapareceram das prateleiras dos seus distribuidores como, por exemplo, a The Byte Shop em Mountain View, diretamente para uma nova rede de revendedores autorizados e exclusivos. Além disso, na década de 1990, os produtos da Apple já estavam sendo comercializados em lojas grandes, como CompUSA e Best Buy. Mas como tudo o que é bom "dura pouco", pouco a pouco as redes de revendedores que serviam muito bem à Apple começaram a diminuir conforme a sorte da empresa diminuía.

Em 1990, a nova tendência era ter a própria loja, como parte dos esforços para diferenciar suas marcas e vender serviços de assistências como uma extensão dos produtos como um todo. Além disso, o mercado estava ficando cansado de funcionários/atendentes que eram contratados para trabalhar com produtos de informática sem ao menos serem especializados em computação, muito menos especialistas da Apple. Tratava-se apenas de "meros vendedores", cujo objetivo era livrar-se dos produtos, fossem eles quais marcas fossem, bater suas metas e ganhar suas comissões (alguma semelhança com os atendimentos que temos hoje nas diversas lojas que conhecemos?).

Foi nessa época que cada marca decidiu abrir seu próprio espaço, como vemos hoje, lojas da Apple, do Windows, etc. Jobs nunca foi a favor da ideia de rede de revendedores, pois acreditava que essa modalidade era prejudicial à marca e queimava vendas.

Ele costumava associar essa experiência a de comprar "um carro usado" motivado pelo vendedor que tenta empurrar a oferta do dia, custe o que custar. Você também já deve ter passado por isso: "entrar em uma loja de tintas procurando a marca de sua preferência, que geralmente é a melhor, mas acaba saindo da loja carregando uma marca de tinta que você nunca ouviu falar", ou de ter ido à farmácia buscar um medicamento e sair com o similar, porque a farmácia precisa bater suas metas com a indústria farmacêutica.

No caso das distribuidoras da Apple, não havia ligação com a marca, exceto talvez com o próprio revendedor, e mesmo nesse caso, a ligação nem era tão intensa assim. Percebendo esse impedimento, Jobs queria criar uma extensão do produto como um todo e transformar a experiência de adquirir um dispositivo da Apple em algo positivo, que aumentasse o envolvimento emocional dos consumidores com a marca Apple. Uma filosofia particular de Jobs.

Em 2000, Jobs revelou sua intenção de abrir uma grade de lojas da Apple, transmitindo uma extensão óbvia da cultura de seus produtos, mas a maioria dos especialistas da indústria ficou desconfiada, demonstrando a "mentalidade nada milionária" que carregava. Também não era para menos, eles haviam testemunhado o fracasso das lojas Gateway e temiam que a Apple tivesse que investir muito em lojas físicas quando o *boom* da *internet* tomasse um curso diferente.

Jobs era esperto, e observando a Gateway, aprendeu com os erros dela, por isso, reconheceu que não era necessário ter especialistas de varejo e,

A GRANDE LIÇÃO DE STEVE JOBS

pela primeira e única vez na história da Apple, ele contratou consultores para lhe mostrarem o caminho certo. Além disso, Jobs contratou dois visionários especialistas em revendedoras da época: Ron Johnson, das lojas Target, e o ex-CEO da Gap, Mickey Drexler.

Jobs e sua equipe trabalharam juntos e duramente para criar a loja Apple Store. Projetaram uma elegância diferenciada, com cores claras e bastante iluminada, com alguns toques de *design* encontrados nos produtos Apple: superfícies brancas e luminosas, toques de metal em lugares estratégicos, linhas minimalistas e elegantes.

A ideia de Jobs era que os consumidores pudessem experimentar o produto, de modo que todas as peças do mostruário estivessem preparadas e conectadas à *internet*. Quando a primeira Apple Store foi aberta, em 2001, o iPod ainda não havia sido lançado, de modo que a loja tinha apenas as linhas de computadores para exibir, especialmente o incrível e colorido iMac.

Em resumo, nenhuma experiência na venda de computadores tinha chegado perto do sucesso da Apple Store. Em 2011, havia mais de 357 lojas abertas em todo mundo, tornaram-se concentradoras de atividades locais de destino, como os famosos *shopping centers* espalhados pelos Estados Unidos. Inclusive, foi preciso tomar medidas de "controle de público" quando os novos produtos da Apple foram lançados.

A resultante expansão da marca Apple e da disposição de seus consumidores em pagar um preço mais alto produziram uma receita incalculável para a Apple. A Apple Store é um exemplo enorme do espírito inovador, da visão e da paixão de Steve Jobs pelos consumidores, e elas representam também um exemplo puro de seu estilo de liderança. Jobs foi o Robin Hood da tecnologia que privava a nobreza (distribuidoras) e dava preferência ao povo (consumidor).

**JOBS CONHECIA
O SEU DESTINO:
ESTAVA NA HORA DE IR...**

A morte pode ser a melhor oportunidade da vida. A maioria das pessoas gasta o seu tempo com besteiras porque não sabe quando vai morrer. Ninguém sabe se tem pouco ou muito tempo pela frente.

Solicito a sua atenção para isso, caro leitor ou leitora. Não deixe a vida passar sem valorizar cada momento. Faça o firme propósito de realizar seus desejos e tudo que aprecia. Sou autor do livro *Neomindfulness*, em que ensino as pessoas a meditar com objetivo de aprender a viver em *mindfulness*, ou seja, viver e valorizar o presente, sem as lembranças do passado e sem ansiedade em relação ao futuro.

Em 2004, Jobs havia anunciado um diagnóstico de um câncer no pâncreas de tipo raro, embora tratável. A sua saúde estava cada vez mais debilitada e os eventos que levaram ao seu afastamento são conhecidos e documentados, e por isso acho dispensável tratar a respeito. Após passar por tratamentos alternativos apoiados em dietas por nove meses, e sem nenhum resultado, Jobs realizou uma cirurgia para remoção do tumor, conhecido como Whipple.

Os resultados iniciais foram ótimos e, mesmo tendo perdido muito peso e ganhado uma aparência doentia, ele ainda fez o famoso discurso com estilo na Universidade de Stanford, em 2005, e atuou como CEO ativo durante os três anos seguintes, nos quais realizou várias apresentações – o que fez dele um homem ainda mais famoso.

No final de 2008, Jobs informou que a apresentação no Macworld, que aconteceria em janeiro de 2009, seria feita por Phil Schiller, o vice-presidente de *marketing* da Apple. E, durante o mês de janeiro, Jobs revelou que "seus problemas de saúde eram mais complexos do que pensava ser", afastando-se por seis meses, devido à licença médica, durante a qual fez um transplante de fígado. Tempos depois, retornou com um prognóstico positivo e levou sua vida normalmente como CEO da Apple.

No início de 2011, Jobs tirou outra licença médica, mas dessa vez não deu detalhes. Todavia, retornou para o lançamento do iPad 2 e fez uma apresentação excelente na Worldwide Developers Conference. Além disso, participou de uma breve entrevista para o Cupertino City Council em junho do mesmo ano, mencionando os planos da grande nova sede (conhecida como "nave espacial", devido ao seu formato), que seria construída em Cupertino, especificamente na propriedade Hewlett-Packard, local onde a Apple operava. Na entrevista, Jobs estava aparentemente normal, apenas abaixo do peso.

Mesmo sendo presidente da mesa diretora, em 24 de agosto de 2011, Jobs anunciou seu afastamento do cargo de CEO da Apple, dizendo: "Infelizmente, chegou o dia em que não posso mais cumprir com meus deveres e expectativas que o cargo de CEO da Apple exige".

Pela Rota 101, no Vale do Silício, há 25 anos, a caminho de uma reunião em São Francisco, o jornalista Joe Nocera o acompanhava, entrevistando-o em nome da revista Esquire. Nocera, que o acompanhou por quase uma semana, entre reuniões e longas conversas introspectivas em jantares que Jobs o autorizou participar, teve o privilégio de conhecer a casa do nosso símbolo, onde folhearam o álbum de fotos com a equipe que criou o computador Macintosh, sua última conquista antes do seu exílio da Apple.

Na ocasião da renúncia, Nocera disse: "Fiquei surpreso e triste quando na última quarta-feira vi Steve Jobs renunciando ao cargo de diretor-executivo da Apple, causada, certamente, por sua saúde deteriorada. Aquilo me fez pensar sobre nosso antigo encontro. Esse foi um homem que violou todas as regras de gerenciamento. Definitivamente, ele não era um construtor de consenso, mas um ditador competente".

Ao autorizar o jornalista e ex-CEO da CNN Walter Isaacson a fazer sua biografia de 650 páginas, Jobs já conhecia o seu destino. Ele sabia que sua jornada estava terminando. E, segundo Isaacson, Jobs explicou, em uma última entrevista, pouco antes de morrer, o porquê de ter permitido a construção de sua biografia: "Queria que meus filhos me conhecessem. Eu não estive ao lado deles o tempo todo, e gostaria que eles soubessem o porquê e entendessem o motivo de eu ter feito o que fiz". Esse era o seu desejo final.

Ele sabia e já havia aceitado a possibilidade de não estar mais aqui muito em breve e deixou isso claro no discurso de Stanford, em 2005:

Lembrar que vou morrer logo é a ferramenta mais importante que encontrei para me ajudar nas grandes escolhas da vida. Porque quase tudo – todas as expectativas externas, todo o orgulho, todo o medo do fracasso ou da dificuldade –simplesmente desaparece diante da morte, deixando apenas o que realmente importa. Lembrar que vamos morrer é a melhor maneira que conheço para evitar a armadilha de acharmos que temos algo a perder. Você já está nu. Não há por que não seguir o que dita o coração. **[extraído do livro Steve Jobs, de Walter Isaacson, tradução de Denise Bottmann, Pedro Maia Soares e Berilo Vargas. São Paulo: Companhia das Letras, 2011, pp.645 e 646]**

Em 5 de outubro de 2011, aconteceu. Steve Jobs morreu tranquilamente após uma parada respiratória em virtude do câncer no pâncreas em estado avançado.

"A Apple sentirá falta dos instintos
de Jobs para sempre."
JOE NOCERA

PARTE 2

MODELO DE LIDERANÇA TIRANA E COMPETENTE

Pesquisas mostram que existem vários tipos de líderes que o universo corporativo deseja e/ou apoia, os principais são:

1. Líder de Mudança, ou Motivador ou Carismático. É um visionário;
2. Líder Formador ou Técnico. É participativo;
3. Líder Paternalista ou Democrático. É muito liberal;
4. Líder Controlador ou Autocrático. É autoritário.

Mais modernamente se fala em Líder Servidor, Líder *Coach* etc. Segundo Jean-Louis Gassée, ex-vice-presidente de desenvolvimento de produtos da Apple: "A democracia não cria produtos inovadores e nem gera grandes equipes, para isso é necessário um líder tirano competente". Essa afirmação expressa bem o modelo de liderança superior às demais. Uma liderança como de Steve Jobs, um condutor completamente diferente, por vezes nada democrático, contudo, muito competente.

Trata-se de um modelo de liderança tão superior a qualquer outro, que existe uma veneração que a imprensa financeira, os gurus da tecnologia e os especialistas em inovação idolatram até os dias atuais. Isso porque Jobs não foi um líder clássico, que tinha abordagens que toda a América corporativa (ou, digamos, o mundo todo) estava acostumada. E qual era o segredo disso? O que fez a metodologia de Jobs ser modelo nas escolas de negócios ou até mesmo em suas próprias carreiras? Como as ideias de um *hippie*, considerado marginalizado pela sociedade da época, podem transformar o bom em excelente? Como um homem pode levar mais de milhares de pessoas a fazer a coisa certa dia após dia, e ainda encontrarem suas paixões a ponto de quererem repetir o ato? Por que nenhuma outra empresa de criação de produtos com milhares de milhares de colaboradores não foi capaz de dar tanto lucro para seus acionistas como Jobs? Será que ele quebrou o modelo tradicional de liderança? Como?

A resposta é simples, o caminho é justamente a frase de Jean-Louis Gassée que vimos no início do capítulo. Trata-se de funcionar no sentido oposto da tradição. Você acha que a democracia da Apple teria funcionado sem Jobs? Claro que não! E não precisamos estudar isso profundamente, basta analisar a queda da fortuna da Apple, a diminuição do oferecimento de produtos e a decadência da marca entre 1985 e 1996, período em que o líder tirano esteve ausente.

O fato é que na história do comércio temos vários produtos que não foram bem-sucedidos em virtude de democracias que não funcionam, por *brainstorming* (chuva de ideias/várias pessoas palpitando) fracassado. Mas o melhor está por vir. Observe a afirmação da segunda parte: "Todos os líderes são tiranos". Alguns simplesmente são mais competentes do que outros.

Não precisamos ir longe para perceber que a tirania é algo comum, aplicada em situações diárias, ao passo que, para outros, trata-se de uma conduta inaceitável e/ou um estilo de reserva, uma postura que só deve ser invocada quando os acontecimentos se tornam obscuros e complexos. Todavia, Jean-Louis Gassée afirma: todos os líderes são tiranos, a pergunta é: por qual objetivo? Por que eles estão sendo tiranos? É por causa do poder e do dinheiro? É para controlar a massa, permanecer no senhorio e levar o crédito? Acredite, saber o motivo de suas tiranias faz toda a diferença.

É sobre ser competente, é a resposta certa: líderes tiranos são competentes. Podemos aceitar uma liderança nesse formato, em virtude apenas de uma competência acima da média. Não é sobre vaidade, ego ou poder, mas sobre eficiência.

Todos nós exercitamos variados estilos de autoridade quando o assunto é liderança, desde a gestão corporativa, como a governamental e familiar.

Existe, sim, uma competência (tirania) aceitável que pode substituir outras questões desagradáveis. Ela é praticada por líderes carismáticos que têm autoridade e são admirados pela equipe. Mas existem líderes autocráticos, que sequer sabem exatamente o que estão fazendo e tornam-se mandões, confusos, autoritários, e se apoiam em suas posições hierárquicas para diminuir a equipe, impor e fazer valer suas vontades absurdas. Ambos os perfis de liderança podem alcançar resultados imediatos, porém sabemos qual deles terá méritos para vencer em longo prazo.

A competência sempre vencerá. E o que diferenciou Jobs do estilo clássico de liderança que vemos por aí foi a sua eficiência com uma pitada de tirania, que gera respeito, une equipes e organiza as coisas para que elas sejam realizadas mais rápidas.

DEFINIÇÃO DE LIDERANÇA ANTIJOBS

"Liderança é a capacidade de fazer com que as pessoas queiram e sejam capazes de fazer algo que você queira, sem você precisar insistir." **ANÔNIMO**

Quando o assunto se trata de definições convencionais de liderança, sempre caímos nas mesmas abordagens antiquadas: líderes cheios de fórmulas e gerentes aspirando transformar e influenciar os outros (equipe) a conseguir que as coisas sejam feitas como estipulam – que as metas sejam atingidas, e os resultados entregues. O blá-blá-blá corporativo de sempre (diria Jobs).

Por isso, quando chegou ao mercado tecnológico e corporativo, Jobs virou tais exemplos tradicionais "ao avesso". Ele não seguiu a manada, nem a estrutura, nem a sequência de abordagem corporativa e organizacional comum da época (e não o seguiria agora). E quais são elas?

As definições de liderança em negócios geralmente acontecem nos âmbitos "transacionais e transformacionais":

Âmbito transacional é conseguir que uma tarefa seja realizada por um grupo de pessoas por meio de planejamento, organização, medição, comunicação, alteração do curso e, por fim, a recompensa da equipe pelo atingimento dos objetivos. Lembrando que tudo isso pode ser considerado como influência na tarefa.

Os âmbitos transformacionais dizem respeito à definição de visões, ao surgimento de ideias, ao encorajamento da equipe, ao estímulo do pensamento criativo e à representação da equipe no universo fora da organização – e essa abordagem pode ser denominada como influência social.

A GRANDE LIÇÃO DE STEVE JOBS

Há dezenas de variações sobre esses dois âmbitos, mas muito do que é ensinado se resume à sequência de ações projetadas para definir uma equipe, definir um objetivo para essa equipe, comunicar um objetivo para esse grupo, dar autoridade e motivação para que seja capaz de alcançar esses objetivos.

Seguindo as definições convencionais de liderança, existem cinco passos para uma liderança bem-sucedida:

1. **Planejamento** – estabelecer a meta e decidir como ela será alcançada pela equipe (Jobs não gostava de estipular metas);

2. **Empresa** – com a meta definida, agora está na hora do líder deixar claro quais os benefícios do cumprimento e das tarefas expostas (Jobs não queria convencer ninguém. O bom exemplo disso foi Woz. Ele precisava acreditar que a Apple podia dar certo, caso contrário poderia continuar tentando criar *software* para a IBM. Jobs não o persuadia a mudar de ideia);

3. **Encorajamento** – neste aspecto, a liderança convencional espera que o líder motive a equipe e gaste uma energia terrível tentando fazê-la acreditar na vitória da empresa, fazendo-a ter a mesma visão e entusiasmo de quem idealizou o projeto e querendo que o pessoal vibre em uma mesma frequência para que o sucesso/crescimento da organização seja mais visível (se o projeto da Apple não enchesse o coração de um colaborador por si só, Jobs entendia que aquela pessoa não deveria fazer parte da equipe);

4. **Controle** – embora ser um líder autoritário esteja fora de cogitação para a maioria das empresas modernas, pois para chefiar uma galera é necessário ter equilíbrio e inteligência emocional (um jargão que se tornou moda), Jobs era extremamente controlador e tirano. Outra vez, ele não se enquadrava ao formato convencional;

5. **Comunicação** – uma vez que os resultados são atingidos, cabe ao líder comunicar à equipe, parabenizá-la e até recompensá-la (Jobs sequer tomava banho, quando mais se lembrava de comunicar a equipe a fim de mantê-la engajada).

Na caminhada da liderança, o bom líder deve explorar e usar traços de personalidade para auxiliar a tarefa dos processos sociais, tendo empatia, sensibilidade e consideração pela equipe. As definições convencionais exigem que o líder se coloque no lugar do liderado em vez de exercer o poder da posição que ocupa permanecendo distante e intocável.

De fato, todas essas colocações soam de forma muito corporativa, não é mesmo? E essa impressão é verdadeira, pois tudo isso se parece mais com um processo do que com uma cultura. Inclusive, muitas culturas empresariais discursam processos de gestão e de liderança. Jobs era um líder visionário, não olhava para a liderança como um processo. Era justamente nesse ponto que residia seu grande diferencial e, provavelmente, onde estavam as lições mais importantes.

Jobs era um condutor diferente, ele excluiu a estrutura corporativa, assim como a sequência da abordagem empresarial e organizacional comum. Seu estilo não era um processo; não pelo menos como a maioria das empresas é acostumada.

O modelo de Jobs era mais concentrado, direcionado aos detalhes e aos propósitos. Tratava-se de um perfil voltado ao consumidor, que visava à contribuição mais do que o lucro, que tinha como objetivo a satisfação do público e a criação de produtos inovadores. Tanto carisma advindo de uma capacidade sem igual de visualizar o consumidor e o produto, com uma paixão atípica pelos detalhes e de um histórico brilhante. Os colaboradores da Apple respondiam inconscientemente de forma positiva à sua influência de carisma e paixão.

Jobs não se deu por satisfeito ao ser considerado o maior visionário de todos os tempos, ele queria mais. Dessa forma, tomou posse do projeto e dos produtos Apple, preocupou-se com detalhes e com a execução. E nisso ele era absolutamente competente.

Jobs foi o fundador de uma cultura de inovação, colocando em decadência o modelo convencional da liderança. Inicialmente composta por Steve Wozniak e depois por milhares, a Apple despertou a paixão na equipe (sem forçar a barra, sem persuasão e muito menos sem os conhecidos e desgastados discursos).

A GRANDE LIÇÃO DE STEVE JOBS

6. A cultura de Jobs foi: a inovação;

7. A visão foi: o produto;

8. A missão: ser apaixonado e entregar produtos diferenciados ao consumidor.

Semelhante ao personagem principal do filme *Forrest Gump*, que começou sua corrida a fim de encontrar um significado de vida, paz interior, expressar suas emoções e buscar por algo que nem mesmo ele sabia (talvez sonho, paixão ou vocação). Forrest não imaginava que se tornaria o líder de vários seguidores. Aliás, ele sequer imaginava que aquela conduta "livre", despojada e atípica se tornaria um exemplo aplicável a uma multidão.

No entanto, a ideia de correr foi a resposta para muitos indivíduos, que fizeram daquilo um comportamento mandatório, metodologia, um estilo e filosofia de vida, uma liberdade de expressão. Qualquer semelhança não é mera coincidência.

Jobs "Forrest Gump" (brincadeiras à parte) foi um "corredor na contramão corporativa". Ele não se tornou um modelo de liderança sem almejar o ser. Simplesmente foi quem era, indo contra toda metodologia das escolas de negócios que a maioria dos livros e revistas de liderança vendia. Ele escolhera um percurso diferente, e é justamente isso que o fez diferente, líder e modelo.

Jobs acreditava na "desnormotização", um comportamento que se inicia dentro de cada um. Ele motivou o indivíduo a olhar para dentro de si mesmo, e é justamente aí que começa a revolução. Claro que, para isso, não existe um mandatório, largar a universidade, se vestir como um *hippie* e iniciar um negócio na garagem (não se trata de um ritual), mas da cura da normose. Cada um deve encontrar o seu eixo.

LIDERANÇA QUE TODO EMPRESÁRIO GOSTARIA DE ENTENDER

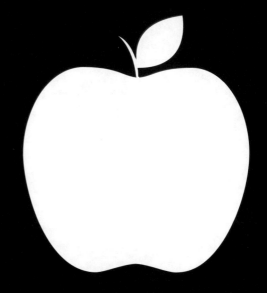

Embora Jobs tivesse um carisma enorme, havia o lado obscuro (se é que podemos definir assim). Carregando o lema "Você, para mim, é problema seu", por muitas vezes, a tirania era uma manifestação da paixão de Jobs, usada para manter as forças criativas na ativa. Ele jamais utilizou o autoritarismo para evocar poder ou respeito, era uma tirania de competência, e como já vimos antes, existe uma diferença entre ambos.

Mesmo sendo "o cabeça de toda a criação da Apple", Jobs dependia da competência de outras pessoas da equipe, por isso foi ao limite para infundi-la.

"Meu trabalho não é pegar leve com as pessoas, mas reunir as coisas de diferentes partes da organização, deixar o caminho limpo, e conseguir recursos para projetos importantes. Levar essas pessoas maravilhosas que temos aqui e impulsioná-las, tornando-as ainda melhores do que são, além de criar visões mais agressivas de como as coisas podem ser."

Com a finalidade de realizar um bem maior do que apenas interesses próprios, ele fez o pronunciamento acima. Além disso, se tratava de uma forma de reconhecer a importância da visão. Contudo, sua fala foi interpretada como grosseira, manipuladora, autocrática e tirânica.

Muitas pessoas que trabalharam com Jobs o viram sendo temperamental, intolerante e caprichoso, no entanto, a maioria dos colaboradores, desde os cargos mais altos até os mais inferiores, o achava um sujeito incrível e fácil de lidar e trabalhar, sempre disposto a oferecer apoio, com muita paciência, desde que a pessoa estivesse dentro da mesma visão e fizesse o trabalho com paixão. Os colaboradores diziam que Jobs era bipolar e mu-

A GRANDE LIÇÃO DE STEVE JOBS

dava de uma hora para outra, por isso, o chamavam de "maldita cabeça de montanha-russa".

Em contrapartida, há relatos de tratamentos hostis e inadequados que Jobs teria direcionado a seus subordinados.

Jobs era direto e reto, ou era "maravilhoso" ou uma "porcaria", não havia meio-termo. "Seu colaborador podia ser um 'gênio' ou um 'palhaço', termo utilizado constantemente para definir alguém que não se encaixava no programa, ou pior, um funcionário que havia se perdido no meio do caminho, ou que tentava levar um produto que não fosse para o consumidor", afirmou Peter Elkind, do programa *Money*, da CNN.

Joe Nocera, jornalista do *New York Times*, em entrevista com Jobs disse:

"Este homem violou todas as regras de gerenciamento. Definitivamente ele não era um construtor de consenso. Ele não era um criador de harmonia, mas um ditador que ouvia apenas as próprias intuições e instintos. Ele podia ser extremamente grosseiro nas reuniões: eu o assisti acabar com membros da equipe por causa de ideias patéticas durante nossa viagem ao Silício".

"O Steve Jobs a que eu assisti naquela semana foi arrogante, sarcástico, atencioso, instruído, paranoico e 'insanamente' (para usar uma de suas palavras favoritas) carismático". "O Steve Jobs que o resto do mundo conheceu, nos quase 15 anos desde que voltou à Apple, não é diferente. Ele nunca se apaziguou, nunca desistiu dos funcionários da Apple, nunca deixou de confiar em seus instintos singulares para tomar decisões sobre como os produtos da Apple deveriam parecer e como deveriam funcionar. Apenas alguns meses atrás, a Fortune publicou um artigo sobre a vida na Apple; abriu com uma anedota em que Jobs cortou sua equipe pela metade por lançar um produto que não cumpria seus padrões. Mas seus instintos têm sido tão infalivelmente bons, e seu carisma tão poderoso, que os funcionários da Apple estavam dispostos a segui-lo onde quer que ele os levasse. Eis aqui o modelo ideal de liderança Jobs".

Em outro artigo, intitulado "Steve Jobs quebrou todas as regras de liderança – não tente isso", agora escrito para a revista *Forbes*, Frederick Allen explica a "tragédia da cultura corporativa da Apple", [como] "somente" um pedaço (dentre vários) de um mistério que praticamente todo empresário gostaria de compreender, e então continua seu artigo dizendo: "Como a Apple fez isso?".

Para finalizar, Frederick Allen afirma: "A questão é a visão e o gênio, isto é, a competência com uma dose saudável de tirania e carisma".

Eu poderia terminar este capítulo aqui, e ele estaria perfeito. Sem mais... Entretanto prefiro finalizar com maestria, incentivando você: "Vá em frente" e comporte-se como Jobs se comportava como CEO, contanto que você tenha todo o carisma e tirania que ele tinha, toda visão louca e revolucionária e todo gênio inovador ardendo em seu interior, com uma liderança fora da caixa e um temperamento ferrenho. Seja um tirano competente e lidere como Jobs liderou.

LIDERANÇA QUE CONVIDA

> "Liderança é a capacidade de fazer
> com que a equipe queira e seja capaz
> de realizar algo importante."
> **STEVE JOBS**

Muitas pessoas definem a liderança de forma complexa, o que ela faz, e quais qualificações o indivíduo deve carregar para então ser o líder almejado de toda empresa. Há várias discussões sobre isso, mas, particularmente, e saindo outra vez fora da caixa: gosto de definir a liderança como simples, despretensiosa e fundamental.

Quando o assunto é liderança, há várias opiniões, mas que tal analisarmos os três elementos presentes na definição acima "realizar algo importante"?

Baseado na afirmação anterior, liderança tem a ver com: "querer", "ser capaz", "realizar algo importante", já que muitas pessoas se juntam para fazer coisas irrelevantes, que não querem verdadeiramente, e de forma rápida, o que as leva a abandonar a ideia e deixar de investir esforços no que realmente deveriam.

Outras definições alegam que liderança é "querer fazer", e mantêm a crença de que os líderes mais desejados pelas empresas são aqueles que não trabalham por meio da persuasão, mas do encorajamento, em que a equipe fará algo e receberá uma recompensa financeira, física, entre outras, levando o pessoal a fazer esse algo mais rápido e melhor.

Mas acontece que diversos líderes se esquecem de que a equipe deve receber estratégias, ferramentas e recursos para atingir esse patamar esperado

A GRANDE LIÇÃO DE STEVE JOBS

pela empresa. Além disso, vários líderes também se esquecem de outro fator importantíssimo: a necessidade de remover barreiras e apontar o caminho que deverá ser percorrido pela equipe.

Os colaboradores querem receber recursos, apoio e liderança quando precisam, não somente benefícios, gratificações e folgas, entre outras recompensas financeiras e físicas.

Fora isso, os líderes equivocadamente se debruçam mais na persuasão e no convencimento do que na motivação para conseguir que seus colaboradores queiram realizar uma tarefa que talvez eles não sejam capazes. A persuasão faz também com que o time sinta que precisa fazer algo com muita rapidez, sendo que possivelmente a equipe sequer queira realizá-lo. Quando a equipe se move nessas condições, raramente ela se sente bem realizando determinada tarefa, até que esteja finalmente concluída, nem mesmo a sensação de dever cumprido dura longo tempo.

Embora os colaboradores da Apple, de modo geral, recebam ótimos salários e atuem em um ambiente leve e favorável, a organização não utiliza esse tipo de incentivo ou abordagem para impulsionar os colaboradores e projetos. Pelo contrário, a Apple angaria seus colaboradores segundo o desejo espontâneo de realizar algo importante, independentemente das recompensas.

Isso mesmo! A maioria dos colaboradores adere à visão e quer se tornar parte de algo maior, sem interesses ou segundas intenções. Na Apple, não há ninguém ludibriado ou ludibriando.

Essa cultura alcançou seu clímax quando o iPod se tornou a própria recompensa dos colaboradores envolvidos no projeto. Em virtude disso, fizeram um esforço gigante, não por causa dos bônus, das recompensas, das comissões ou folgas, muito menos por participações no capital da empresa, mas sim para poder ter um iPod (facilidade) para si.

Os três componentes da definição de liderança citada por Steve Jobs funcionavam juntos: grandes feitos acontecem somente se as equipes estiverem alinhadas de forma a querer realizar algo importante e dispuser dos meios para realizar isso. Dentro dessa elucidação, Jobs fez o que pôde para apresentar a visão, as estratégias, as ferramentas e o ambiente propício para que algo realmente importante pudesse ser feito.

Steve Jobs sempre visou primeiramente:

1. Descobrir algo realmente significativo para ser realizado;

2. Comunicar a visão, prover um ambiente consistente para a equipe e se certificar de que os colaboradores compartilhavam o mesmo desejo de realizar aquela tarefa;

3. Proporcionar os recursos e remover os impedimentos que porventura estivessem no percurso.

Jobs queria o envolvimento das pessoas por livre e espontânea vontade, por paixão e por "querer". Dessa forma, a realização jamais acontecia motivada por dinheiro e poder.

Claro que Steve Jobs ganhou o respeito daqueles que desacreditavam dele tanto dentro como fora da organização após sua fama, fortuna e criação de suas empresas. Agora todos batiam em seu ombro e diziam: "Muito bem!". Mas ele sabia quantas vezes havia sido expulso das reuniões, taxado como renegado da sociedade e humilhado por suas ideias serem absurdas.

Por isso, Jobs raramente falava sobre dinheiro e, com reserva de algumas propriedades, ele não caiu nas garras das riquezas e nem no egocentrismo das fortunas. Ele foi um dos líderes mais influentes do mundo, embora não tenha utilizado esse poder para interferir na decisão das pessoas, na política ou nas verdades de outra pessoa ou organização. Com exceção das próprias apresentações e na criação de seus produtos, Jobs permaneceu neutro e manteve uma vida simples, comum e até mesmo minimalista, perto de outros que detinham tantas riquezas semelhantes as dele. Jobs jamais preferiu o dinheiro e o poder à boa e simplória realização (querer fazer algo importante), como vários executivos e CEOs atuais preferem.

Para Steve Jobs, fazer algo significativo era a meta. Dinheiro e poder, o resultado, e isso era tão verdadeiro que a Apple seguia essa energia.

A GRANDE LIÇÃO DE STEVE JOBS

Bem, sobre a pergunta polêmica de Frederick Allen: "Como Steve Jobs consegue fazer o que faz?". Eu responderia: simples, ele se cercava de equipes que queriam realizar algo importante, que eram capazes e que não almejavam receber uma recompensa por seus feitos somente.

Jobs se associava a outras pessoas se elas realmente tivessem os mesmos interesses, paixão e visão, sem interferir na decisão delas (ainda que pudesse). Veja bem, isso é contra todo ensinamento atual e moderno sobre persuadir a equipe, usar gatilhos mentais e manipulação para impulsioná-las a fazer aquilo que elas devem fazer, mas não querem.

A liderança de Steve era um contrafluxo total!

UMA GESTÃO QUE VIOLA AS REGRAS

Geralmente as empresas que "pensam diferente", que são revolucionárias e ousadas, não seguem regras, pelo contrário, quebram as regras e jamais as criam. Trata-se de empresas que veem além do horizonte, não se importam com as críticas por serem as "ovelhas negras" da sociedade. Elas criam valores além dos que são colocados no papel. São empresas que comandam seus próprios universos e o mercado em que atuam. E por mais que essa seja uma cultura tão enraizada em minha concepção, ainda há vários profissionais, líderes, palestrantes e até mentores seguindo a massa e anulando suas intuições e palpites.

Como presidente da Literare Books International, eu canso de ver escritores potenciais se anulando para se encaixar em padrões clássicos e tradicionais da sociedade, virando as costas para suas intuições e perfis literários, acatando mais do mesmo para serem aprovados. Muitos são os escritores que não ousam publicar suas ideias, que muitas vezes são fantásticas, porque têm receio de serem criticados, contrariados ou mal-interpretados. Excluem partes de suas histórias de vida por julgar que seus textos não são vendáveis ou suficientemente bons para serem publicados. Jobs jamais agiria assim. Há outros, entretanto, que querem escrever um livro e me perguntam "sobre o que acho que devam escrever para que seus livros virem *best-seller*". Para esses, eu digo que, se não têm nada para dizer, deixem de lado o tal sonho de escrever um livro. Cá para nós, de livro fraco de conteúdo o mercado está cansado.

Como empresa Apple, como líder e como indivíduo, Jobs quebraria todas as regras e seguiria seus próprios instintos, com paixão e determinação.

Na citação esplêndida adaptada por Edwin Locke em seu livro *The Prime Movers*, podemos entender melhor o que é quebrar regras:

"Os grandes criadores, os pensadores, os artistas, os cientistas, os introvertidos e os inventores permanecem sozinhos contra os homens de sua época. Toda grande invenção foi denunciada, mas os homens de visão clara e original seguiram em frente. Eles lutaram, sofreram e pagaram um grande preço por isso, mas venceram".

"Os homens aprendem que é uma virtude concordar com os outros, mas o criador é aquele que discorda disso. Os homens aprendem que é uma virtude seguir a correnteza, mas o criador é aquele que nada contra ela. Os homens aprendem que é uma virtude ficarem juntos, mas o criador é aquele que permanece sozinho".

"O criador – negado, contrariado, perseguido, explorado – continua, segue em frente e carrega toda a humanidade com sua força vital".

Com toda certeza, Steve Jobs é um bom exemplo, um modelo bastante concreto de um desses criadores. Mas e você, caro leitor, será que tem sido um criador cuja força e atitude o satisfaz ou será que tem deixado seus instintos de lado e seguido o padrão clássico?

UMA GESTÃO DE RESPEITO

Larry Ellison, fundador da Oracle, Howard Schultz, ex-CEO do Starbucks, Jan Koum, fundador do WhatsApp, Oprah Winfrey, apresentadora de TV, Do Won Chang, fundador da Forever 21, Guy Laliberté, fundador do Cirque du Soleil, Li Ka-Shing, empresário mais rico de Hong Kong, são alguns exemplos de gênios, inicialmente taxados de pobretões loucos, mas que superaram as contrariedades em diversos âmbitos, principalmente o descrédito de suas ideias inovadoras, mas que no final obtiveram o respeito. O bom e velho respeito.

O que provavelmente ninguém lhe contou sobre conquistar o respeito é que, nessa jornada, os líderes que merecem respeito de seus seguidores geralmente são seguidos de forma voluntária, as suas metas inclinam-se a ser estendidas como importantes, e os meios para o atingimento dos objetivos tendem a ser efetivos. Dessa forma, o pessoal ficará mais disposto a contribuir. Respeito gera confiança, confiança cria respeito e o ciclo é infindável.

Líderes considerados falham menos porque carregam a certeza de que seus resultados sempre terminam em sucesso. Líderes admirados pela equipe conseguem que seu pessoal os siga, mesmo que não compreendam completamente a visão.

Líderes ilustres (respeitados) fornecem o direito da dúvida, que pode ser um aliado enorme quando se está conduzindo uma equipe por caminhos incertos. Líderes respeitados reconhecem sua humanidade, por isso, respeitam e confiam em seus seguidores também.

Jobs era um seguidor pacato, e o pacato está diretamente ligado ao objetivo de transmitir tranquilidade, harmonia, iluminação e em se sentir pleno por meio da sabedoria conquistada pela experiência. A admiração

A GRANDE LIÇÃO DE STEVE JOBS

também é conquistada por meio da experiência e Jobs espalhou a cultura do respeito mútuo.

Porém, como todos nós sabemos, é bastante complexo conquistar o respeito, além do mais, ser admirado/respeitado geralmente não é uma conquista por meio de esforços deliberados, que, normalmente, são rejeitados por outros como sendo óbvios – interesseiros ou egoístas. O respeito deve ser deliberado, natural e orgânico, adquirido com o tempo. Alguém há muito tempo já disse: "Liderança não se impõe, liderança se conquista".

Veja quatro comportamentos que permitiram Jobs conquistar a consideração de seus colaboradores, da indústria tecnológica e do público consumidor.

1. **Admiração e consideração em virtude da visão.** Jobs cansou de demonstrar o quanto podia ver além do restante do mundo e como ele enxergava e podia criar produtos que ultrapassavam as expectativas da indústria tecnológica, dos consumidores e até mesmo de seus colaboradores. Ele não fazia parte "deste mundo", era um verdadeiro futurista e conseguiu o respeito devido a isso.

2. **Admiração e consideração em virtude dos detalhes.** O colaborador geralmente tem adoração pelo líder que compreende o que ele está fazendo, que é capaz de ter empatia pelo que está conquistando e pela maneira que realiza as suas obrigações. Colaboradores respeitam líderes que também os respeitam. E, se por algum momento os colaboradores não conseguirem fluir, o líder deve ser capaz de aconselhar e fornecer direcionamento para que os percalços sejam removidos, sem jamais criticá-los ou exigir resultados quando estão tendo dificuldades.

   Como vimos nos primeiros capítulos, John Sculley reconheceu depois de muito tempo uma das maiores qualidades que obviamente Jobs possuía: "Estar em contato direto e íntimo com os detalhes internos, a ponto de perceber quando algo não estava funcionando e ter o talento de ajustar as coisas em pleno voo, sem histeria".

3. **Admiração e consideração por meio dos feitos.** Esse é o ponto crucial e não precisa de muita explicação, não é? Jobs acertou tantas vezes a respeito dos produtos que criou, a respeito de como o mercado receberia e compraria os produtos, acertou tanto que criou a organização mais valiosa do mundo. É quase impossível não o respeitar por isso, mesmo dez anos após a sua morte.

4. **Admirado e considerado pelo fato de ter criado a própria identidade e ser a cara do produto.** O fato dele ser a cara do próprio produto fez dele um líder respeitado. Jobs vivia, respirava e transpirava a Apple, tanto que criou produtos e serviços completamente conectados com o seu estilo e as suas experiências de vida e profissionais, além de sua forma de enxergar o mundo. Essas conexões e comprometimento com o produto, e jamais com a grandeza pessoal, contribuem bastante com a criação do respeito ao cliente, organização e equipes.

LÍDERES "CABEÇAS DE MONTANHAS-RUSSAS"

É bastante complexo determinar o padrão de um visionário, até porque visionários como Steve Jobs não têm padrões preestabelecidos, são verdadeiros "cabeças de montanhas-russas" que mudam de uma hora para outra e sempre acertam (até quando erram). Trata-se de líderes que agem por instinto e experiência, e o que fazem é complexo demais para se encaixar em um modelo de liderança definitivo, clássico ou tradicional.

Mas... Todos nós queremos aprender a ousar como Jobs ousou, inclusive essa é a proposta deste livro. Dessa forma, me desdobrei ao máximo para estabelecer uma estrutura em torno de como Jobs ousaria para apoiar e ajudar você na empreitada de liderar. Lembrando que não existem manuais, cartilhas ou fórmulas, e se eu lhe desse os passos certeiros, não seria nada semelhante ao jeito Jobs de ser/liderar. Vale destacar que comecei a escrever este livro com o objetivo de registrar as grandes lições de Steve Jobs, portanto continuarei transmitindo-as.

No decorrer dos capítulos, vimos que o perfil de liderança de Jobs não obedece à sabedoria convencional nem à liderança tradicional e/ou clássica que estamos acostumados a vivenciar e ler nos livros sobre o tema, porém podemos ver alguns fatores críticos que podem ser organizados em dicas importantes.

Falei exaustivamente que o perfil de sucesso de Jobs foca no cliente e no produto. Esse foco se separa das obras de muitos outros líderes que visam apenas questões financeiras e corporativas. Steve Jobs estava focado no produto, e isso já merecia um livro inteiro, aliás, vários livros já foram escritos sobre a história e o perfil de inovação da Apple. O foco de Steve nos

A GRANDE LIÇÃO DE STEVE JOBS

consumidores era único, mas o mais surpreendente: ele criava produtos que os consumidores ainda não sabiam que desejavam.

A grande questão que afeta todas as empresas é o que há entre o consumidor e o produto. Justamente nesse aspecto que muitas delas falham. A maioria das organizações até conhece seus consumidores, prospectos e avatar (apesar de que eu acredito que muitas delas não conhecem nada). Elas têm tecnologia e boas máquinas para produzir seus produtos, contudo algo se perde na passagem de um para o outro, algo que Jobs jamais deixaria passar batido.

Jobs era bastante próximo de seus consumidores, de suas necessidades, e sabia produzir excelentes produtos. À vista disso, um dos maiores problemas atuais se trata da falta de criatividade, habilidade de pensar diferente no quesito suprir a necessidade do público-alvo. Algo que você foi convidado a fazer (pensar diferente) capítulos atrás.

A liderança de Steve Jobs foi marcada e se sobressaiu devido ao fato de ele conhecer o consumidor e produzir produtos perfeitos e inovadores. Mas não parou por aí... Jobs sabia traduzir a experiência e as necessidades do seu público-alvo em um produto e em conceito. Eis a visão!

Ele sabia criar e realizar a manutenção de uma cultura de inovação empresarial que de fato podia fazer com que as tarefas fossem realizadas e fossem além das expectativas de todo mundo. Eis a cultura!

Logo, temos quatro fatores: consumidor, visão, cultura e produto. Contudo produtos não se vendem sozinhos, não é mesmo? Jobs era especialista em lançar rumores (agitação, burburinhos) em torno de seus produtos, e, melhor ainda, mais do que qualquer outra organização norte-americana de toda a história. Eis aqui a mensagem.

Esses quatro elementos já são capazes de definir o produto certo e colocá-lo no mercado certo e, geralmente, eu pararia por aqui, mas percebo outro passo que chega a ser quase um protocolo de Jobs. E agora estamos chegando a um nível mais profundo, algo mais abstrato.

Jobs não só refletia a respeito do produto e o aperfeiçoava continuamente, assim como continuava trabalhando em sua marca pessoal e na marca da Apple, afinal, ambas eram quase que uno. Acontece que líderes excelentes conseguem que as atividades sejam feitas, mas a maioria deles não usa a abordagem certa ao vender a "si próprios" ou suas organizações e o êxito que tem. Em suma, a construção da marca pessoal contribui com o sucesso.

Agora, sem mais demora, vamos aos passos de liderança baseados em Jobs.

1. **Público-alvo.** Jobs tinha uma forma de enxergar o que o consumidor precisava e a entender o que lhe causava desconforto. Devido a isso, percebo que várias organizações atuais assumem uma abordagem errônea na tentativa de compreender o que realmente está acontecendo com seus avatares.

2. **Visão.** Certamente todos os líderes futuristas têm de ter visão. Têm de saber criar produtos que atendam às necessidades dos consumidores, satisfazendo seus desejos de terem uma boa experiência ao utilizá-los.

3. **Cultura.** Eis o ponto em que quase todas as organizações falham. A inovação é frequentemente definida longe de qualquer outro elemento da empresa. Os indivíduos são desestimulados a pensar fora da caixa.

4. **Produto.** Quando unimos a visão e a cultura, temos o próximo passo: iniciar a produção dos produtos. No entanto, cada um desses produtos é inovador ou mais do mesmo?

5. **Mensagem.** Uma vez que a organização já tem um produto, é necessário criar uma mensagem assertiva ao seu redor, de forma a chamar atenção e comunicar seu valor. A liderança de Jobs não parava apenas na criação de um produto, ia além: ele o apresentava ao mercado pessoalmente.

6. **Identidade.** A marca pessoal trata da noção mais abstrata da construção de uma marca e de uma reputação, o que cria uma atmosfera de respeito e confiança, facilitando a repetição do êxito outras vezes.

A GRANDE LIÇÃO DE STEVE JOBS

Esses elementos criam um esquema de liderança imbatível. Jobs criou uma liderança extraordinária porque não contratava consultores para fazer pesquisas de mercado tradicional, não ouvia consumidores da forma clássica. Ele mesmo tinha um relacionamento direto com o cliente.

Jobs sabia que sua liderança devia entender profundamente o cliente, que não poderia deixar para terceiros o que somente ele tinha a sensibilidade e interesse de perceber. Aliás, eis o problema do delegar (embora seja necessário). Jobs não esperava que os clientes e consumidores dissessem o que precisavam, mas ele mesmo ia até eles e descobria.

Jobs não só entendia de tecnologia como ninguém, era um excelente orador e entendia o funcionamento dos produtos, como ele era "o cara" que compreendia o cliente com empatia e entusiasmo. Ele criava uma experiência sensorial.

Se você deseja ousar como Steve ousou e ter uma liderança similar a dele, é preciso gostar de artimanhas, ou seja, ter poderes extraordinários para entender o consumidor e assumir a sua visão. Além disso, desenvolver a criatividade com o cliente é primordial.

Para finalizar este capítulo, quero deixar algumas coisas importantes (quase provocações) para você refletir:

1. Você seria capaz de responder rapidamente a três características de seus serviços/produtos que seus clientes gostam?

2. Consegue descrever três particularidades de seus serviços/produtos que decepcionam seus consumidores?

3. Sabe descrever três experiências que seus clientes tiveram com seus serviços/produtos recentemente?

4. Quais comentários úteis você tem recebido sobre seus serviços/produtos?

5. Você esteve presente em campo pelo menos duas vezes no último semestre?

É importante estudar as questões anteriores, depois se aperfeiçoar em seu cliente e, por fim, traduzir essa *expertise* em uma visão para que sua equipe possa utilizá-la. Saiba que a liderança não se resume apenas em conhecimento do produto, serviço, mas sim do consumidor e, principalmente, em expandir sua percepção do cliente para uma visão que o resto da organização possa usar.

UM LÍDER QUE NÃO USA SAPATOS: MARKETING PESSOAL

Com um estilo próprio que marcava sua identidade e marca pessoal, Jobs geralmente vestia a mesma camisa preta, um jeans desbotado e tênis branco, como podemos observar em sua apresentação de 7 de janeiro de 2008, no palco do grande Macworld. E é bastante curioso como as pessoas gostam de se vestir de forma tradicional para transmitir uma ideia e visão, todavia não Jobs...

Ele carregava um estilo "só para contrariar", nada padronizado e nem corporativo. Jobs tinha "um guarda-roupas da Mônica", termo utilizado por Walter Isaacson na biografia oficial de Steve Jobs.

Segundo Walter, "em uma visita à fábrica da Sony no Japão na década de 1980, Jobs quis saber o porquê dos trabalhadores de lá usarem uniformes. Akio Morita, o presidente da empresa, explicou que no pós-guerra os operários simplesmente não tinham roupas para vestir. Dessa forma, para que todos pudessem trabalhar, as fábricas passaram a fornecer uniformes.

"Decidi que eu queria aquele tipo de ligação para a Apple", Jobs disse a Isaacson, em sua biografia.

Em seguida, o homem da maçã pediu ao *designer* Issey Miyake que criasse uniformes para a Apple, mas a ideia não agradou ao pessoal da empresa e foi abortada. Dessa forma, surgiu a ideia de que apenas "ele tivesse um uniforme para si mesmo: seria tanto pela conveniência, como para criar uma 'marca pessoal'. Jobs pediu ao *designer* algumas camisetas *turtlenecks* (cores variadas, mas apenas a cor preta ficou como predileta) e acabou recebendo algumas centenas delas", relata o *site* UOL Notícia, publicação de 13/10/2011.

A GRANDE LIÇÃO DE STEVE JOBS

Outro fator diferenciado da liderança de Jobs era o *marketing* pessoal intimamente ligado ao *marketing* da Apple. Enquanto os líderes modernos e clássicos gastam fortunas em ternos e sapatos ou moda executiva feminina chique, Jobs não. Ele sabia se vender por meio de um bom *marketing* pessoal despojado, simples e minimalista.

Antes de tudo, não importa quão extraordinário seu produto ou serviço seja, se você não sabe como comercializá-lo, tenha consciência de que os consumidores não "brotarão da terra". Saiba que você pode ser o mais brilhante empreendedor do mundo em sua área, mas se não publicar e compartilhar seus trabalhos, principalmente em suas redes sociais, ninguém saberá do seu talento. Uso muito com a equipe da Literare Books International que temos de "cacarejar", ou seja, contar para todo mundo "os ovos que botamos".

Quando um escritor me procura, eu sempre comento que, por mais incrível que ele seja, e por mais que entenda de SEO, se seus conteúdos não estiverem espalhados em diferentes plataformas, *sites* e portais, ninguém saberá que ele existe, afinal, "quem não é visto, não é lembrado".

Se vender não significa trair suas convicções, princípios e valores em troca de dinheiro ou prestígio, como muitos líderes pensam, você pode se vender de várias maneiras diferentes, como Jobs por meio da estratégia de *branding* pessoal.

Jobs construiu sua audiência sem formalidades, mas volta e meia tinha alguém o acusando de renegado, *hippie* ou sujo, criticando-o por ausência de regras de etiqueta padrões e esperadas para o universo corporativo.

Mas a real é: Jobs construiu seu império sendo mal-humorado, ranzinza ao mesmo tempo, tirano e, às vezes, até passando dos limites com alguns palavrões. Mas esse era Steve Jobs. Quem não gostasse de seu estilo, sempre teria a opção de não dividir o mesmo ambiente com ele, e estava tudo bem.

Logo, caro leitor, se você está usando a leitura deste livro e bebendo da experiência de Jobs para pensar ou repensar o seu *branding*, destaco que se seu estilo não gera marca pessoal, ou não combina com o da massa, não tente copiá-los. Não vai soar legal. Os consumidores percebem quando algo não é espontâneo e original.

Do mesmo modo que não soaria original se de uma hora para outra Jobs começasse a andar por aí de terno e gravata. Independentemente se o encontrássemos em um churrasco ou numa reunião com algum CEO, ele sempre estava de blusa preta de gola rolê, jeans desbotado e tênis branco, porque esse era seu estilo de vida.

Em suma, tenha a ousadia de Jobs para entrar no jogo e jamais deixar de acreditar em si mesmo, em sua identidade e marca. Por fim, lembre-se de que você é o dono do seu próprio negócio/liderança, por isso se liberte dos padrões, quebre as regras, ensine o diferente e se venda, sem se prostituir. Do contrário, ninguém o fará.

ROUBE COMO UM ARTISTA: #VISÃO

É interessante como diversas pessoas caem no ledo engano, na vaidade e no egocentrismo de querer inventar coisas (e na maioria das vezes fracassam), em vez de aperfeiçoar as que já existem, como Jobs fez.

Na apresentação do iPod, em janeiro de 2008, Jobs disse:

"Hoje é um dia pelo qual tenho esperado ansiosamente. De vez em quando, um produto revolucionário aparece e muda tudo (tem muita sorte se trabalhar em pelo menos um desses produtos em sua carreira). A Apple tem bastante sorte. Ela tem conseguido apresentar algum desses produtos ao mundo".

"Em 1984, apresentamos o primeiro iPod, e ele mudou não apenas a maneira como todos nós ouvimos música; ele mudou toda a indústria da música. Bem, hoje, vamos apresentar três produtos revolucionários dessa mesma classe. O primeiro produto é um iPod com tela widescreen e controles sensíveis ao toque (aplausos), telefone celular revolucionário (aplausos), dispositivos avançados de acesso à internet (aplausos). Portanto, três coisas:

1. *Um iPod com tela widescreen e controles sensíveis ao toque;*

2. *Um telefone;*

3. *Um dispositivo de acesso à internet."*

E Jobs repetiu mais duas vezes:

"Um iPod, um telefone, um dispositivo de acesso à internet. Um iPod, um telefone e um dispositivo de acesso à internet".

A GRANDE LIÇÃO DE STEVE JOBS

"Vocês estão entendendo? Não são três aparelhos diferentes. Esses são um único aparelho, e nós chamamos de iPhone (aplausos). Hoje a Apple vai reinventar o telefone celular, e aqui está ele."

Neste momento, surge um telão com a imagem de um iPod e um disco de telefone antigo. Em seguida, Jobs diz: "Não, na verdade ele está aqui!".

Então, Jobs tira um iPhone do bolso e o segura diante da plateia deslumbrada.

Não é novidade para toda a história o que acontece depois. O iPhone mudou a indústria de telefones celulares. Isso aconteceu em 2007, mas voltemos ao futuro, 2020.

Jobs e seu pessoal repetiram essa ação. Eles criaram a forma e as características do iPhone baseadas no tamanho e no objetivo de um PC, formando um iPad. E o iPad chegou mudando toda a indústria de computadores pessoais.

Era extasiante como de tempos em tempos Jobs e a Apple redirecionavam de repente o rumo do jogo. De tempos em tempos, eles apareciam com soluções incríveis que agregavam tecnologia com o propósito de ir além da concorrência. Conseguiram ultrapassar as expectativas dos consumidores e criaram experiências de consumo.

Temos certeza de que Jobs não apresentava simplesmente o novo produto, ele "juntava os pontos" e criava uma visão.

Pense comigo... A Apple inventou o *smartphone*? O MP3 *player*? O *tablet*? A Apple foi a responsável pela invenção da tecnologia de *touchscreen*, por exemplo? Foi ela a criadora da interface gráfica do usuário, do *mouse* do computador ou do *download* de músicas? A resposta para todas as perguntas é "não".

A Apple não inventou nada dessas coisas, pelo contrário, todas essas coisas já estavam no mercado em outros formatos, sendo trabalhadas em algum subsolo/laboratório antes de Jobs e a Apple terem uma visão e aprimorá-las.

Ao aperfeiçoar tais coisas, Jobs combinou e embalou os produtos de forma divina para atender ou sobre-exceder o desejo do consumidor, como o de ouvir música, fazer ligações usando o telefone celular e o de acessar a *internet* de onde estivesse.

Note que todas essas coisas já existiam, mas Jobs articulou as necessidades dos consumidores – necessidades futuras, que sequer sabíamos que tínhamos, inclusive. Além disso, por meio da visão Jobs contribuiu com o crescimento exuberante das operadoras de celulares e seus respectivos pacotes de *internet*, entre outros serviços.

Jobs colocou as tecnologias existentes em funcionamento, reunindo-as e colocando em embalagens mágicas, em apresentações bem projetadas e atraentes. Com isso, ele ofereceu experiências de consumo surpreendentes.

A pergunta é: como você transforma um monte de invenções já existentes em produtos ou serviços revolucionários? Como recolher uma percepção do consumidor (seu cliente) e aplicá-la em tecnologia e definir o mundo?

A resposta é simples: por meio da visão.

Visão se trata da competência de enxergar o mundo que está por vir. É a habilidade de enxergar como as ideias e tecnologias integradas resolvem um problema ou necessidade. *Insights* e tecnologias que podem ser redefinidas de modo a criar um deslumbre e satisfação aos clientes/ consumidores.

Visão é a capacidade de enxergar o mundo com os olhos do coração do seu consumidor. Por isso que, nos capítulos anteriores, você recebeu informações sobre a importância do relacionamento com o cliente, pois esse é o caminho que conduz à visão.

INVENÇÃO OU INOVAÇÃO: EIS A QUESTÃO

A Apple foi a responsável pela invenção do iPhone? *Yes*! Sim, no sentido mais límpido, a organização o criou. Entretanto, de modo abrangente, a Apple apenas (o que não é pouco) o inovou.

Bem, vários indivíduos inventam coisas. As corporações estão empanturradas de ideias para coisas novas e originais, ou de novas formas de fazer as mesmas coisas, no entanto, o índice de patentes que se transformam em produtos ou serviços revolucionários verdadeiramente são mínimos.

Durante anos, empresas consideradas gigantes da tecnologia, Hewlett-Packard e IBM, se vangloriavam do índice de registros que acumularam para a tecnologia que haviam desenvolvido internamente. Enalteciam-se na mídia e em seus relatórios anuais. Mas quantos dos mais dos três mil registros até 2012 de tais empresas chegaram ao mercado de fato? Pouquíssimos.

Em uma das últimas pesquisas que realizei sobre o assunto, descobri que a HP, por exemplo, teve a impressora a jato de tinta como sua última tecnologia revolucionária introduzida no mercado, e isso aconteceu na década de 1980. E só agora, nos anos 2000, ou seja, passados mais de trinta anos, ela avançou na produção de peças plásticas em 3D e com a tecnologia revolucionária de impressão de metais em 3D.

E por quê? Vimos nos capítulos anteriores o quanto o setor de *marketing* gosta de encenar pesquisas de base, fingir interesse em criar um relacionamento com o cliente e, após ter qualquer tipo de interação com o consumidor, tudo é anotado em listas infindáveis que não dão em nada e nunca saem do papel.

A GRANDE LIÇÃO DE STEVE JOBS

Empresas consideradas gigantes da tecnologia, como Hewlett-Packard e IBM, têm laboratórios incríveis e próprios, engenheiros e cientistas envolvidos com as pesquisas de base e espaços separados. Elas têm muitas ideias e, certamente, sabem fazer ser ouvidas em processos de registros e patentes, no entanto, tais *insights* continuam separados dos negócios e do consumidor, isso porque não há uma VISÃO que caminhe junto. Que falta Jobs faz!

Outro bom exemplo é a Xerox. Ela tinha tudo para dominar a indústria de computadores por meio da tecnologia da interface gráfica do usuário, da impressora a laser e de rede em laboratórios do PARC (Palo Alto Research Center) e do *mouse*, todavia ela não tinha visão para levar essas invenções ao êxito comercial.

O fato é que Jobs foi a própria visão, o resto é balela.

Mas trazendo todas essas informações para o futuro, eu percebo que várias pessoas têm boas ideias e podem chegar a elas deliberadamente ou retê-las propositalmente. Tais *insights* podem até mesmo ser resultados de outras ideias malucas, mas morrem na praia – nunca atingem seu ápice e não chegam ao mercado.

Por medo, insegurança, muito pensar, entre outros comportamentos, a verdade é que as ideias não precisam ser algo vendável, que gere lucro imediatamente ou melhore a vida das pessoas instantaneamente e muito menos algo que seu público-alvo se identifique logo de cara. Lembra-se de quantas vezes Jobs foi ignorado por todos, mesmo carregando ideias extraordinárias? Pois então, eis a diferença.

Invenções em si devem ser criativas e, mesmo assim, exigem que haja esforços para realizá-las. Contudo, organizações de êxito inovam – criam serviços e produtos e integram tecnologias a coisas que os indivíduos desejam comprar.

Inovações boas não são apenas serviços e produtos. Inovação pode ser qualificada como um aprimoramento comercializável. Tem de ser apreciável e apreciada, carregar um valor aparente e verdadeiro. Precisa valer a pena bem mais para os clientes/consumidores do que rentável para a empresa. A maioria das invenções falha nesse ponto.

Eu mesmo cansei de ver autores amadores desejando escrever uma obra visando ao lucro com o livro, publicando baboseiras da moda apenas para encher linguiça e conquistar autoridade e relevância no mercado editorial. Tratava-se de assuntos que já existiam, estavam sendo explicados de forma diferente, mas sem levar em conta que o mais importante era se aquilo satisfaria o leitor.

Quando o assunto é inovação, os japoneses sempre estão em primeiro lugar. Isso porque os japas compreendem os consumidores, mas concentram-se nos clientes comuns e buscam por melhorias adicionais em experiências já existentes. Eles se esforçam e pensam em como podem ser melhores dentro daquilo que já oferecem.

Por outro lado, temos o bom exemplo do *walkman* da Sony, por exemplo. Eles nunca definiram novos conceitos de produtos e aperfeiçoamento de serviços. Eles falharam em pensar diferente e suas visões não iam muito além – como talvez ter trazido o *walkman* para a era digital. Eles são bem-sucedidos? Sim. Mas pense comigo: se deixaram de inovar e são um sucesso, imagine do que seriam capazes se fossem conduzidos por um líder inovador, como Jobs, e ouso em dizer, quem sabe, como você?

> "A inovação surge quando você diz 'não' para mil coisas. Estamos sempre pensando em novos mercados em que podemos ingressar, mas é só ao dizer 'não' que você pode se concentrar nas coisas que são realmente importantes e que já existem."
> **STEVE JOBS**

SEJA O VISIONÁRIO DE SUA GERAÇÃO

Desde o retorno de Jobs, em 1997, à Apple, que a empresa é considerada um modelo de inovação, e Jobs considerado um símbolo de visionário.

Muitas pessoas têm o costume de alegar não serem visionárias só porque essa competência não aparece em evidência nos seus testes de perfis comportamentais. Todavia, a boa notícia é que para ser um visionário é necessário apenas ter uma visão.

O termo visionário é empregado de forma nada rigorosa. Por vezes, o termo soa de maneira negativa, e há até dicionários que se concentram na definição de que a noção de visionário é ser "sonhador", um indivíduo cujas visões e projetos não são práticos nem comercializáveis. Em outras palavras, alguém que sonha, tem boas ideias, mas não consegue realizar – não coloca em prática. Outra vez, em uma linguagem das ruas: "É um sujeito viajão". Claro que podemos descartar esse conceito distorcido de visionário.

O termo visionário, no que diz respeito a Jobs e à Apple, tem duas definições:

1. **Indivíduo resiliente** – uma pessoa com enorme poder criativo e imaginativo. Um sujeito com características que inspiram outras pessoas e não se curva à zoação e descrédito da massa que sabe apenas criticar.

2. **Indivíduo com visão iluminada e percepção vindoura** – uma pessoa ligada aos avanços da tecnologia, arranjos sociais e políticos. Um sujeito que sabe o que vai acontecer e consegue prever as transições.

A GRANDE LIÇÃO DE STEVE JOBS

O visionário é capaz de conseguir comunicar a visão aos outros de forma inspiradora (ainda que o taxem de insano). Trata-se de visões que são colocadas em ação, são objetivas, claras e específicas.

E qualquer um pode ser visionário?

Identifiquei que há seis fatores no formato de liderança de Steve Jobs que responderão a você:

1. Cliente/consumidor;

2. Visão;

3. Cultura;

4. Produto;

5. Mensagem;

6. Marca.

O primeiro passo está em se relacionar com seu cliente e/ou consumidor a fim de compreendê-lo, e isso talvez leve tempo. Dessa forma, você será capaz de construir uma cultura de inovação e conduzir a edificação de produtos e serviços atraentes. Você poderá transmitir a mensagem e, talvez para isso, tenha que se inscrever em cursos de oratória e fazer exposições públicas (mesmo sendo um introvertido, quem sabe), construindo sua marca pessoal e ornando com a da sua empresa.

Tornar-se visionário é uma tarefa dura. Ícones como Martin Luther King, Abraham Lincoln e Steve Jobs não foram pessoas que precisaram construir uma personalidade visionária, já que nasceram com esses padrões, pensamentos e habilidades que lhes permitiam ver o futuro e comunicar a visão a outras pessoas com facilidade. Porém, outros como Thomas Edison e Henry Ford, por exemplo, passaram a aprender a pensar como um visionário depois de muito quebrar a cabeça. Dessa forma, entendo que sim, é possível você se tornar um visionário. Afinal, aquilo que não temos de habilidade podemos compensar por estudo, treino e repetição.

VISÃO, MISSÃO, PAIXÃO

A missão descreve o que você faz. A visão explica como você fará aquilo. Agora, a paixão, essa é própria dos visionários e de quem veste e sua a camisa para garantir que tudo aconteça.

Submersos em um universo corporativo até o pescoço, muitos de nós perdemos a noção real do significado sobre: missão, objetivo, meta, estratégias e abordagens. Estamos exauridos de discursos monótonos sobre esses pontos, todos vinculados ao jargão da área. Tais documentos frequentemente infindáveis e entediantes descrevem tudo sobre quem é você, o que é e para quem presta serviço (vende suas horas em troca de dinheiro).

Sim, eu sei! A missão tem seu papel fundamental e temos que passar por isso sem "choro nem vela", mesmo sabendo que não atrai a atenção de ninguém da equipe, uma vez distribuída e engavetada pelos colaboradores da empresa.

Agora, responda-me se for capaz: qual líder lhe forneceria mais confiança: um líder com uma visão iluminada, clara e objetiva que lhe diria como transformar o mundo ou um líder com uma missão com três páginas impressas sobre os tópicos a serem acatados e um monte de palavras?

Bem, o fato é que uma coisa é uma coisa, outra coisa é outra coisa. E nessa explicação você não pode confundir visão com missão e paixão.

#Visão & paixão

Você sabia que todo visionário carrega queimando em seu interior a paixão? Mas visão e paixão são coisas distintas? Um líder apaixonado sem uma visão iluminada, objetiva e clara jamais será bem-sucedido e o mesmo acontecerá se um líder visionário não tiver o fogo da paixão ardendo em seu âmago.

Uma liderança apaixonada, mas sem visão, em geral confunde as coisas e gera mais estresse na empresa. Líderes visionários, porém sem paixão, ficarão "enxugando gelo", ou seja, passarão boa parte do tempo tentando manter seu pessoal engajado, mas sem sucesso. Podendo até mesmo serem questionados a respeito da veracidade ou credibilidade da visão, caso eles não se mostrem motivados por ela. Visão e paixão caminham lado a lado.

O líder que tem paixão e visão irá longe com sua equipe. Jobs disseminava a paixão excepcional em seu pessoal, tanto na atenção que dedicava aos detalhes do projeto como nos lançamentos que apresentava e no relacionamento com o cliente. Tudo era realizado com muito entusiasmo e desejo de melhoria, aperfeiçoamento e inovação. Jobs era apaixonado e morria de amor por seus produtos e serviços.

E você quer entender melhor dessa paixão? Veja o que Luís de Camões disse sobre. Mas antes de prosseguir, tente captar a essência do conceito paixão e desvincule esse poema voltado apenas ao amor entre seres humanos.

Amor é fogo que arde sem se ver;
É ferida que dói, e não se sente;
É um contentamento descontente;
É dor que desatina sem doer.

É um não querer mais que bem-querer;
É um andar solitário entre a gente;
É nunca contentar-se de contente;
É um cuidar que se ganha em se perder.

É querer estar preso por vontade;
É servir a quem vence, o vencedor;
É ter com quem nos mata, lealdade.

Mas como causar pode seu favor
Nos corações humanos amizade,
Se tão contrário a si é o mesmo Amor?

Justamente, do contrário seria paixão? Se não for para liderar com visão e paixão, com motivação e entusiasmo, vale a pena? Jobs diria que não.

Ninguém poderia ter questionado a paixão de Jobs tampouco sua visão. A paixão sempre fortaleceu a visão.

À vista disso, como líder deste tempo, é primordial perceber que a paixão e a visão devem ser equilibradas: muita paixão sem visão acaba em fracasso, confusão, além de ser estressante ao extremo. Por outro lado, muita visão sem paixão é desmotivadora, sem cor e estagnante. Sem paixão, não se atreva a dar nem mais um passo.

NÃO CONFUNDA VISÃO COM PAIXÃO

Antes de iniciar este capítulo, é importante ressaltar que todo visionário carrega a paixão, mas visão e paixão não são a mesma coisa, no entanto, frequentemente, uma visão é uma junção de ideias, produtos e tecnologias ao redor de uma necessidade específica do consumidor. Para os líderes/pessoas que não desenvolvem visões de forma orgânica/naturalmente – ou não tão orgânica assim – de forma natural e gratuita como Steve Jobs demonstrava, aqui estão alguns *counselings* (conselhos) para construção ou aperfeiçoamento de visões.

1. **Na visão existe síntese com coisas** – *insights*, produtos e tecnologias são junções que contribuem para que cheguemos a uma solução extraordinária. O iPod Touch, por exemplo, foi a visão de unir um telefone à *internet*, transformando-se no iPhone. Mas, antes disso, um disco rígido pequeno, uma bateria nova, FireWire e iTunes foram juntados e se transformaram em iPod. E antes, uma interface gráfica do usuário, um gabinete único e um *drive* para disquete foram unidos e tivemos o Macintosh.

2. **Na visão existe conexão com coisas** – um devaneador consegue aplicar a novas plataformas as definições e as tecnologias existentes e cruzá-las. A visão do iPad, no que lhe concerne, foi o cruzamento entre o PC e um iPhone.

3. **Na visão acontece disrupção** – um visionário é capaz de unir o velho com o novo. A tecnologia nos proporcionou poder assistir a filmes por meio de uma plataforma como a Netflix, em vez de precisar ir às antigas locadoras como a Blockbuster; chamar um

A GRANDE LIÇÃO DE STEVE JOBS

carro de aplicativo pelo celular do que precisar telefonar ao táxi; pedir comida pelo iFood do que se locomover até um restaurante. Muitas das visões atuais surgiram com o *boom* da *internet*, e trata-se de unir visões a um produto e tecnologia, substituindo o velho pelo novo.

4. **Na visão acontece disrupção** – dia desses, eu estava precisando de um aspirador de pó para meu estofado novo e tapete. Após visitar algumas plataformas como Magalu, Americanas.com, Casas Bahia e Shoptime, entre outras, recebi um anúncio da OLX com um aspirador de pó usado, modelo antigo (ainda que moderno) de alta potência, mas eu não queria um aspirador velho e grande, ainda que superasse a potência dos que eu havia visto nos *sites* anteriores. Eu desejava algo novo. O mesmo acontece com os consumidores. Eles estão sempre dispostos a trocar alguma coisa (ainda que potente e mais em conta) por algo melhor. Empresas como Starbucks perceberam que os clientes pagariam mais de 4,10 dólares em *latte* apenas para ter acesso e se associar a um espaço intelectualmente renomado e bem frequentado. A Apple notou que os indivíduos pagariam 99 centavos de dólares por músicas para ter acesso a *downloads* confiáveis. Eu paguei mais caro por um aspirador de pó "menos potente" do que os antigos porque tinha um *designer* melhor, ocupava menos espaço e era moderno.

Em suma, se você conhecer profundamente seus clientes e consumidores e conhecer seus negócios, será capaz de construir uma visão em torno de um ou mais desses padrões que foram especificados anteriormente.

Poucas eram coisas mais importantes para Jobs e para a Apple do que a visão. Jobs sempre estava conectado com seu negócio a ponto de identificar os detalhes mais específicos dos produtos. Suas maiores contribuições como indivíduo foram a visão e a paixão, necessárias para dar à luz, desenvolver e comercializar os produtos assertivos.

Jobs usou da sua percepção apurada do consumidor, sua extensa visão de mundo e seu conhecimento da tecnologia para elaborar alguns dos devaneios mais fantásticos que já vimos. Tais ideias/visões eram como combustíveis para a cultura de inovação em que estavam apoiadas.

Mas o que o líder precisa fazer para uma construção e manutenção de uma cultura de inovação? Antes de terminar este capítulo, acompanhe.

1. **Foque no cliente/consumidor** – esse é o lema, se não for assim, a visão irá desorientá-lo.

2. **Definir um inventário dos produtos que já existem** – é importante averiguar constantemente o concorrente para ver quem está fazendo o que, como os clientes estão respondendo a isso e quais são os espaços que ainda precisam ser preenchidos, ou que podem ser criados.

3. **Conecte as coisas que podem ser combinadas** – pense no futuro, em como você pode unir o que já existe hoje com o que existirá no futuro, de modo a oferecer ao cliente inovação.

4. **Articule um *insight*** – uma ideia só não é boa até que se torne clara, objetiva e específica. Uma visão clara e objetiva é aquela capaz de apagar quaisquer obstáculos.

5. **Exponha seus devaneios** – óbvio que você deseja que sua empresa corresponda à sua visão, mas isso só pode acontecer se expuser suas visões, portanto não tenha medo.

UM ESTILO NÃO NORMÓTICO

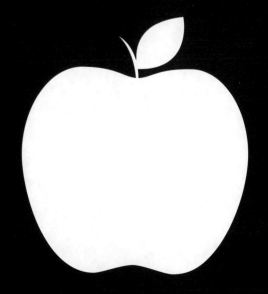

Na década de 1980, nasceu o conceito da normose, pelo psicólogo e antropólogo brasileiro Roberto Crema e pelo teólogo, filósofo, psicólogo francês Jean-Yves Leloup. Eles vinham estudando o tema separadamente, até que o psicólogo francês Pierre Weil se conectou a eles e nasceu então a obra *Normose: a patologia da normalidade*.

A doença de ser normal, segundo eles denominada como normose, "é um conjunto de hábitos considerados normais pelo consenso social que, na realidade, são patogênicos em graus distintos e nos levam à infelicidade, à doença e à perda de sentido na vida".

No fim da década de 1970, Crema estava intrigado com o acontecimento de alguns autores indicarem uma patologia da pequenez: "o medo de existir em sua totalidade". Naquela ocasião, ele encontrou em diversos pensadores, como Erich Fromm (1900-1980) e o pai da psiquiatria Carl Jung (1875-1961), o fenômeno conhecido como o "medo da liberdade".

Dessa forma, surgiu o conceito de normose, que, segundo Crema, "ocorre quando o contexto social que nos rodeia carrega um desequilíbrio crônico e predominante".

A normose se propaga em fases históricas de tradições culturais quando, por exemplo, o que era considerado normal abruptamente passa ser considerado absurdo e/ou até desumano.

Os autores de *Normose: a patologia da normalidade* afirmam: "Vimos isso ocorrer no final do período romano, em relação à perseguição de cristãos, no começo da Idade Moderna, com o fim da Santa Inquisição, ou no século passado, com a perda da escravidão. E, hoje, é o que está acontecendo de novo, com a crise do nosso sistema de produção, trabalhos

A GRANDE LIÇÃO DE STEVE JOBS

e valores. Com a necessidade de ser inserido em uma sociedade doentia pela normalidade, fama e sucesso a qualquer custo".

O desespero por fazer parte de um grupo identificador leva um sujeito a abandonar a missão que é apaixonado para cumprir uma função corporativa nada compatível com seu perfil só porque é mais promissora e renomada. A moça bela e inteligente que, para se inserir na "sociedade dos normais", adota a moda do momento, o estilo e vocabulário imoral e pobre dos ignorantes. Leva os rapazes a investir recursos milionários em compras de carros importados, roupas de grife e pertences de luxo para se sentirem aceitos (normal) como as pessoas famosas e de sucesso, entre outras condições deploráveis da vaidade.

Os autores afirmam: "O novo modelo antinormalidade ainda é pequeno. Os visionários dessa possibilidade da sociedade não normótica ainda são minoria, enquanto a maioria de nós se adapta ao ambiente social doente. Quem resiste à normose acaba considerado como um ser desajustado, por não obedecer ao estado normal das coisas". Jobs conheceu tais considerações a seu respeito.

Taxado como um renegado pela sociedade, um *hippie* maluco, "Zé Ninguém" por não ser igual aos demais, por ter uma liderança segundo seus próprios padrões e por estar aquém da normose, ele experimentou o que era ser excluído/desajustado. A boa notícia é que ele driblou a teoria da conspiração e nos ensinou que, para ser um líder visionário, precisamos superar essa "epidemia global".

Jobs sabia que, por mais que parecesse normal, se casar sem amor, abandonar a faculdade de artes para se formar advogado, renunciar à própria identidade para impressionar os outros, passar 40 horas da semana fazendo algo que se odeia em troca de um salário mal pago no final do mês e até mesmo mentir ou fingir ser outra pessoa para ganhar dinheiro, ou ser contratado, tudo isso era loucura. Afinal, será que achar normal as coisas que não são normais não é uma doença? Jobs era um indivíduo adepto da desnormotização pessoal e profissional.

Jobs entendia que cada indivíduo tem talentos diversos, mas um sujeito normótico padece de falta de empenho em se permitir deixar florescer seus dons, habilidades e talentos, carregando "o medo da própria grandeza", evitando a sua missão individual e intransferível. Jobs nos ensinou que, quando temos a necessidade de, a todo custo, ser como os outros, procurar o normal doentio, acabamos por não escutar a nossa própria vocação.

Jobs nos mostrou que a cura da normose é trabalho individual – cabe a nós identificar e não mais reagir a esse apelo epidêmico, mas alguns fatos sociais podem contribuir com a libertação do hábito.

No universo corporativo, grandes mudanças estão acontecendo para dar voz à liberdade individual e eliminar a polarização da normose. Podemos ver empresas como o Google cuja sede na Califórnia conta com salas de jogos, videogames, espaços ao ar livre, bibliotecas, cafés e tempo reservado para que cada colaborador desenvolva os próprios projetos para a empresa, com total autonomia e anormalidade (ao contrário das empresas formais/normais).

Adotar uma cultura de liderança e mentalidade estilo Steve Jobs ou Google de trabalho autônomo pode ser algo que leve anos para acontecer, pois em pleno ano de 2021 ainda percebemos várias organizações estagnadas no conceito antiquado, e mesmo com a pandemia da Covid-19, que imputou mudanças drásticas, há empresas resistentes a mudanças e "adoção do novo".

A explicação para essa resistência pode estar num *bug* que todo indivíduo carrega no cérebro, com a tendência de recusar/temer sempre os novos jeitos de enxergar o mundo. No livro do psicólogo israelense Daniel Kahneman, *Rápido e devagar: duas formas de pensar*, o cérebro humano confunde o que é familiar com o que é correto, por isso, ao ver ou sentir algo que desperta alguma memória, o cérebro define aquele evento familiar como o correto, da mesma maneira que o novo é codificado pelo cérebro como suscetível de desconfiança.

Esse mecanismo funcionou para os nossos antepassados, os famosos homens das cavernas que não podiam nem mesmo se alimentar de qualquer verdura nova que aparecesse sem antes ter a certeza de que era confiável. Nos dias atuais, em que se exige novos *insights* para lidar com o mundo em transição constante, esse sistema cerebral tornou-se entrave à inovação.

Em suma, a normose é um comportamento moldado que precisa ser transformado por cada líder que deseja ir além. O modelo de liderança, gestão e atuação de Jobs era não normótico, por isso ele construiu a Apple. Isso me leva a pensar: será que não temos sido líderes doentes pelo normal? É de se pensar.

À vista disso, e de tudo o que lemos neste exemplar, fica evidente que para ousar como Jobs ousou, ser o visionário desta geração, construir um império sólido organizacional e inovar temos que dar de ombros para todos os apelos dessa epidemia global de normose. Não podemos querer ser como os outros, ignorar a nossa identidade, perfil comportamental e estilo apenas para ser aceitos/inseridos em um grupo identificador.

Nós precisamos iniciar a nossa batalha individual e vencer a necessidade da normose. Devemos aceitar o nosso jeito de ser introvertido ou extrovertido, não prostituir/copiar os estilos de outras marcas/pessoas. Ser líderes visionários, apaixonados e loucos (cheios de visões) a fim de: "não nos tornarmos medíocres que aspiram à normalidade" – Carl Jung.

LIÇÕES DE GESTÃO E LIDERANÇA

Já disse anteriormente e repito: ninguém pode negar que Jobs foi um líder extraordinário, mesmo descumprindo todos os itens das cartilhas de RH e de ser considerado um capataz de seus empregados. Creio que você concordará comigo que só um grande gestor e líder eficaz conseguiria evitar a quebra da Apple e, em poucos anos, recolocá-la entre as melhores, maiores, mais criativas, inovadoras e lucrativas empresas do mundo. Ele tem, portanto, muito a ensinar, mesmo que você não concorde com seus métodos duros e diferentes de gestão.

Além disso, a única certeza que se tem no mundo dos negócios é que sempre teremos inúmeros problemas e muitas dificuldades. Talvez nós vamos falir, quebrar a empresa, ser demitidos. Quem sabe. Mas cada crise exige muita análise e bastante determinação para vencer. Jobs poderia ter desistido em 1985, mas recomeçou, foi resiliente, enfrentou seus demônios e se superou no ano seguinte. Esse era "duro na queda".

Tudo é possível para quem tem determinação, inclusive, como o próprio disse: "Eu estou convencido de que metade do que separa os empreendedores bem-sucedidos dos não sucedidos é pura perseverança". A única coisa que não muda é que tudo muda, e temos que estar atentos para nos anteciparmos às mudanças, à transição para uma era volátil e nos adaptarmos a ela, sermos resilientes, perseverantes e ousados.

Enquanto escrevo, estamos em plena crise econômica, devido à Covid-19. Muitas empresas estão baixando as suas portas, vários profissionais autônomos sem trabalho, diversos profissionais e especialistas demitidos. Estamos em meio ao caos, mas como dizia Steve: "Às vezes, a vida vai acertar um tijolo na sua cabeça. Não perca a fé".

A GRANDE LIÇÃO DE STEVE JOBS

Este momento de crise ficará marcado para sempre, assim como a crise de 1929 (A Grande Depressão), por exemplo, que marcou a história. Contudo, ainda assim, havia pessoas inovadoras, ousadas e indignadas como o grande Melvin Maxwell, pai do símbolo John Maxwell, que durante o período da Depressão perdeu o emprego.

Enquanto a maioria das pessoas estava sem emprego, Melvin decidiu não se render diante dos problemas econômicos. Sabendo que o comércio não estava contratando ninguém, Melvin decidiu oferecer o que tinha disponível no momento, então ele ofereceu o seu talento e a sua disponibilidade de tempo, fazendo a diferença naquela geração, dando seu trabalho em troca de alimentação.

Melvin oferecia seu dia de trabalho gratuitamente:

— O que você precisa que eu faça?

— Não estou contratando. Não tenho dinheiro para pagar você.

— Não precisa me pagar. Dê-me o que puder em alimentação.

Foi assim que Melvin sustentou sua família durante aquele período. Melvin foi o Steve Jobs da década de 1930.

Em 1980, tivemos outra crise, a crise da dívida dos países da América Latina, e outros Steves Jobs da época foram ousados, contrariando as estatísticas, sendo visionários, futuristas, loucos. Outras crises vieram, mas a única certeza que se tem no mundo dos negócios é que sempre teremos muitos problemas e muitas dificuldades. Cada crise exige muita análise e determinação para vencer. Precisamos estar atentos para as oportunidades de inovar e superar.

Muita gente diz, ano após ano, "acredite nos seus sonhos". Com certeza, Steve Jobs teria dito "sonhar é fácil, o difícil é realizar". Sonho sem ação é o mesmo que deixar oportunidades passarem.

Todos os meses, em algum lugar do mundo, há alguém inspirado e realizador criando a sua Apple à sua maneira. Melvin criou a sua Apple quando se disponibilizou a trabalhar gratuitamente em troca de alimentos, a fim de manter a sua família, enquanto outros estavam entregando seus filhos para adoção, por não terem como sustentá-los.

Boas ideias podem se transformar em grandes empresas. Exigem muito dos seus criadores. Trabalhar dia e noite é pouco, quando se tem a obstinação de fazer uma ideia dar certo.

Dessa forma, veja algumas dicas sobre gestão e liderança.

1. **Estruture equipes com os melhores profissionais.** É certo que ninguém domina todas as áreas de uma empresa. Para que tudo funcione, é imperativo querer saber estruturar e gerir equipes. Jobs punha foco no que era bom, ou seja, em criatividade e liderança, ainda que autocrática. As demais atividades, ele delegava para quem tinha escolhido a dedo e, portanto, confiava que teria nada menos que a perfeição. Não tente melhorar seus pontos fracos para se preparar para enfrentar algum grande desafio. O máximo que conseguirá será resultados medíocres. É melhor ser bom em alguma coisa do que medíocre em várias.

2. **Avalie os problemas.** Estude de forma objetiva, e não tenha medo de assumir riscos ao ter de tomar decisões difíceis.

3. **Só tome decisões quando tiver todas as informações.** Nunca se baseie em suposições. As decisões poderão ser duras, mas, com certeza, serão justas.

4. **Aja com determinação e com foco.** Focar é saber dizer não. Jobs recuperou a Apple enterrando produtos e projetos e focando apenas naqueles que estavam no DNA da empresa.

5. **Seja inflexível ao liderar.** Afinal, alguém tem que dar as ordens. Um dos conselhos de Jobs a Larry Page quando se tornou CEO do Google: "Não seja bonzinho demais como CEO".

6. **Simplifique.** Fuja do complexo e diga não ao supérfluo.

7. **Crie os projetos pixel a pixel.** Desça até os mínimos detalhes. Jobs se prendia a miudezas tidas como insignificantes por muitos CEOs.

8. **Não tenha medo de recomeçar.** Valeu a pena refazer o macOS X, mesmo à custa do trabalho de mil programadores por três anos. Além disso, possivelmente você tenha que recomeçar várias vezes.

A GRANDE LIÇÃO DE STEVE JOBS

9. **Não dê muito ouvido a seus compradores.** Eles provavelmente ainda não sabem o que querem.

10. **Demita os idiotas.** Funcionários talentosos são uma vantagem competitiva para qualquer empresa.

11. **Se perder o cavalo encilhado, trabalhe para recuperar o tempo perdido.** Jobs não percebeu a revolução da música digital no seu início. Mas criou um modelo de negócios vencedor chamado iTunes.

12. **Conecte-se, estude.** Uma cultura corporativa é feita de *insights*. Conecte-se a diferentes tribos e estude temas desvinculados do trabalho.

13. **Gere e teste.** As interfaces revolucionárias do iPod e do iPhone foram descobertas por tentativas e erros.

14. **Seduza.** Jobs sabia ser um grande sedutor, quando necessário, no mundo dos negócios.

15. **Faça as perguntas certas.** Mas duvide sempre das respostas.

16. **Defina prazo e cobre.** Jobs queria o iPod nas lojas no outono de 2001. A equipe teve seis meses para lançá-lo.

17. **Busque oportunidades.** A Apple não estava no negócio de dispositivos eletrônicos. Curioso, Jobs queria entender esse mercado. E o dominou.

18. **Queime os navios e as pontes.** Jobs matou o mais popular iPod para dar lugar a um modelo mais fino.

19. **Evite as concessões.** A obsessão de Jobs por excelência criou um singular processo de criação, que gerou uma família de produtos inovadores.

20. **Mostre sua paixão.** Se você não for apaixonado por sua ideia, ninguém mais será. Entusiasta em todos os seus discursos, Jobs fazia questão de mostrar empolgação diante daquilo que propunha a seus colaboradores. Ele acreditava no que dizia, o que é mais importante.

21. Agregue valor. É interessante como diversas equipes aparentemente desejam atingir as metas estipuladas, mas sequer acreditam em seus produtos e serviços, ou em seus potenciais. Precisamos transformar nossa visão de gestão para uma visão que gosto de chamar de visão Jobs.

22. Desperte o seu time. Steve podia ser autoritário, como dizem, mas exigia de seus colaboradores o suficiente para promover o seu crescimento. Por isso, ele deixava claro para sua equipe o que exatamente o desagradava nelas. E, ao contrário do que muitos líderes fazem, demitir um funcionário só porque ele não se adequou ou cometeu erros, Jobs oferecia *feedbacks* assertivos verdadeiros, realistas e até mesmo debochados, dando a oportunidade de o colaborador buscar melhoria. Ele não os demitia no primeiro momento, mas os resgatava.

23. Mantenha todo mundo na rota. É muito fácil se perder no caminho durante o percurso, mesmo quando se tem noção daquilo que é importante. Por isso, mudanças abruptas são perigosas, inclusive, esse foi o motivo que expulsou Jobs da Apple, mas foi também o que o trouxe de volta, tendo ainda mais glória.

24. Estabeleça as prioridades. Enquanto a equipe da NeXT discutia suas prioridades, era possível testemunhar uma notável capacidade em Jobs de concentrar-se e defender o que era mais importante (foco). Enquanto empresário e/ou líder, você sabe o que é prioridade, mas consegue explicar o por quê? Se sim, então seu time vai segui-lo.

25. Saiba interromper. Uma lição que Steve Jobs deixou clara em todas as suas reuniões de negócios é que existe o momento em que é preciso ser objetivo "sem delongas". Seja um bom ouvinte. Seja paciente. Mas saiba quando precisa interromper e, assim, economizará tempo, evitando discursos e recursos irrelevantes. Mantenha um "papo reto". Afinal, "as pessoas acham que foco significa dizer sim para a coisa na qual você está concentrado. Significa dizer não para centenas de 'outras boas ideias' que existem. Você precisa escolher com cuidado".

A GRANDE LIÇÃO DE STEVE JOBS

26. **Aprenda com as lições do passado.** Qualquer grande empreendedor sabe que as falhas fazem parte do processo. Quanto mais você tentar, mais você falhará, mas o sucesso está logo adiante. Você deve sair em busca dele, mesmo que tenha errado dezenas de vezes.

27. **Concentre-se no positivo.** Quando temos um longo caminho pela frente, pode ser intimidante direcionar a atenção para o lado. Sempre haverá muito o que fazer, mas lembre-se de olhar para trás, para o que já realizou, e que pode lhe dar a motivação que você precisa para seguir em frente.

28. **A tomada de decisões deve ser realizada por um grupo, não por um comitê.** Não é de se estranhar que não existam monumentos aos comitês. As decisões importantes de uma companhia devem ser tomadas dentro de um grupo designado a tomar decisões; um pequeno grupo que confia em seus instintos porque está submerso nos objetivos/visões da organização. Dessa forma, os líderes sempre devem incentivar a equipe de trabalho a debater sobre as ideias e só deixar aqueles mais aptos a tomar decisões. Lembra-se da ideia sobre a maldição do *brainstorming*? Pois então!

29. **Se não concorda, diga.** Não tenha medo de expor sua opinião. Jobs era uma pessoa sem meio-termo. Ou ele adorava o que estavam fazendo e chamava o trabalho de genial ou detestava profundamente, e não cansava de repetir que era "uma merda". Essa atitude, que não levava em conta os sentimentos das outras pessoas, rendeu muita crítica e reprovação a Steve. Mas o que não se pode negar é que foi justamente por não ter medo de expor sua opinião (por pior que fosse) que os produtos que ele lançava continham impressos a sua personalidade, seu foco em perfeição e atenção aos detalhes. Se não era do seu agrado, ele fazia questão de que todos soubessem. Em todos os seus projetos, Jobs agia com a mesma intensidade e paixão. O mundo seria um lugar melhor se as pessoas não tivessem tanto medo de expor o que pensam e se preocupassem menos em parecer sempre politicamente corretas, inteligentes e simpáticas.

30. Capacite pessoas. Ao se referir a isso, certa vez Steve comentou: "Quero dizer, alguns líderes afirmam: oh, Deus, se (Jobs) for atropelado por um ônibus, a Apple estaria em apuros. E, você sabe, eu acho que não seria uma festa, mas há pessoas realmente qualificadas na Apple para dar continuidade ao império. Meu trabalho é fazer com que toda a equipe executiva seja boa o suficiente para ser sucessora". Ninguém chega ao topo sozinho. Para isso, é preciso uma equipe qualificada, comprometida e motivada. Esqueça o papel de chefe e se esforce para ser um bom líder. Escute, converse, argumente, respeite, ceda e agregue.

Para finalizar:

- **Trabalhe em equipe.** Evite colocar toda a carga das decisões difíceis sobre as suas costas;

- **Seja quase um déspota.** Afinal, alguém tem que dar as ordens, então que seja você;

- **Gere alternativas para escolher a melhor.** Jobs sempre insistiu com a equipe para ter opções e as descartava sem muita discussão;

- **Crie os projetos pixel a pixel.** Desça até os mínimos detalhes. Jobs se prendia a miudezas tidas como insignificantes por muitos CEOs;

- **Seduza.** Jobs sabia ser um grande sedutor, quando necessário;

- **Encontre o sócio adequado.** Steve Jobs não começou a Apple sozinho. Seu parceiro era Steve Wozniak, considerado gênio da computação à época, e que complementava suas habilidades de trabalho, o mesmo que vendia as caixas azuis para ligações de longa distância de forma ilegal. Busque por um sócio que tenha a mesma visão que você;

- **Fique rodeado de pessoas geniais.** Steve Jobs não estava cercado apenas de um sócio genial e atrevido como ele. Ele também ajudou a formar pessoas que, mais tarde, admitiu serem até melhores que ele. Entre eles, estão Tim Cook, Jony Ive e John Lasseter. Cook, inclusive, acabou substituindo Jobs quando sua doença já estava avançada. Jobs foi sábio e formou líderes que continuariam seu legado.

A GRANDE LIÇÃO DE STEVE JOBS

Não tema a sucessão. O líder não deve temer a sucessão, quando isso venha a ocorrer. Por isso, ter plena consciência da própria identidade, autoconfiança e autoestima faz toda a diferença na hora de liderar uma organização com excelência.

"ERRAR É HUMANO", O FALHAR É EMPREENDEDORISMO

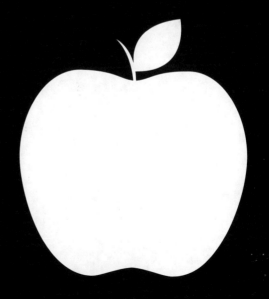

É curioso como existem empreendedores melancólicos, ressabiados e ressentidos que desistiram definitivamente de seus projetos após quebrar suas empresas, falir ou simplesmente fracassar. Steve nos ensinou uma lição sobre a qual francamente devemos refletir: "Vamos inventar o amanhã em vez de ficar nos preocupando com o que aconteceu ontem".

Se você pensar bem, todo mundo falha. É como você responde a essas falhas que faz toda a diferença. Em 1985, Steve Jobs foi demitido da Apple, como já sabemos. Em 2005, no famoso discurso de formatura de Stanford, ele disse algumas palavras sobre isso: "Eu não vi isso na época, mas o fato é que ser demitido da Apple foi a melhor coisa que poderia ter acontecido comigo. O peso de ser bem-sucedido foi substituído pela leveza de ser de novo um iniciante, com menos certeza sobre tudo. Isso me libertou para entrar em um dos períodos mais criativos da minha vida".

A lição que podemos aprender com essa história, segundo Jobs, é: "não devemos temer o fracasso, porque ele não é o fim do caminho". Devemos tomar o fracasso como a oportunidade de aprender e melhorar a nós mesmos, e o sucesso será inevitável se agirmos assim. Precisamos correr riscos de novo, e outra vez, e quantas vezes forem necessárias. Portanto ouse como Steve e corra riscos.

Com Steve, tudo era mais simples. Se você acha que ele lamentava o fato de ser adotado, não ter dinheiro suficiente para sequer almoçar e precisar caminhar longas horas para poder estudar, nada disso! Ele era resiliente e, quando um de seus sonhos ia por "água abaixo", renascia com outra invenção.

A GRANDE LIÇÃO DE STEVE JOBS

O renascimento é um tema bastante falado, principalmente em épocas de crises, volatilidade e ambiguidade (incertezas). Segundo o dicionário da língua portuguesa, renascimento significa "nascer de novo para algo". "Representa a Fênix que, segundo a mitologia grega, renasceu das próprias cinzas. Tem uma conotação figurativa de crescer de novo, rebrotar, as flores renascem na primavera, recuperar forças, reviver: renascer após longa enfermidade, calamidade ou perdas – reabilitar-se e reanimar-se".

Jesus Cristo, o homem mais inteligente que já existiu, segundo o Dr. Augusto Cury, foi um dos primeiros profetas a ensinar esta lição, ao dizer a Nicodemos: "É preciso nascer de novo!".

Steve Jobs estava disposto a canibalizar os produtos de sua empresa em nome do progresso. Muitos CEOs teriam hesitado para desenvolver o iPhone, sabendo que tornaria o iPod obsoleto. Mas Jobs fez isso mesmo assim, e deu uma grande mordida no lucrativo mercado de telefonia móvel. Ele ressurgiu das cinzas, como vimos anteriormente.

Na maioria das vezes, é preciso correr riscos, a fim de avançar. Basta ter cuidado. Certifique-se de que o risco que você correu foi calculado. Pense bem, pese os melhores e os piores cenários de uma ação e você poderá decidir se o risco vale a pena.

Pensando em auxiliá-lo a diminuir os riscos, separei algumas dicas. Tratei desses assuntos ao longo do livro. Aqui eles estão repetidos, mas sintetizados em forma de dicas.

1. **Envolva-se com grandes pessoas.** Steve Jobs não teve apenas Steve Wozniak como parceiro, ele também trabalhou com Tim Cook, Jony Ive e John Lasseter. Steve Jobs, com certeza, cercou-se de grandes pessoas que têm muita força.
   Isso permitiu que Jobs criasse um enorme sucesso não apenas com a Apple, mas com a Pixar também.

2. **Esteja sempre cercado de pessoas talentosas que discordem de você.** Pode até parecer, mas a Apple não é Steve Jobs. O executivo se cercou de pessoas muito talentosas (que pisaram na bola, ficaram hesitantes e até o expulsaram da própria criação) e que não recebem o crédito

que merecem. O fato de que o preço das ações da Apple continua a se sustentar desde que o executivo faleceu, isso sim é a força da equipe.

3. **Aceite ser criticado.** Steve criou produtos incríveis como o iPod, iPad, iPhone, iMac, iTunes. Ele baniu a caneta *stylus* para dispositivos *touch*, reimaginou o computador como um *hub* digital, agregando música, vídeo e fotos. Travou batalhas fervorosas contra gigantes como IBM e Microsoft. Fez com que os computadores deixassem de ser um *hobby* para *nerds* viciados em eletrônica e se popularizassem como um produto para todos, tornou a Pixar um dos mais famosos, rentáveis e criativos estúdios de animação do mundo, mas ainda assim era constantemente criticado. Seja por sua personalidade difícil, suas opiniões fortes, seu jeito de fazer negócio e até mesmo suas dietas. Perceba que, não importa o que faça, você sempre receberá críticas. Algumas construtivas, outras nem tanto. O importante é o que decide fazer quando elas "batem com força" em você. Pode abaixar a cabeça e moldar sua personalidade e quem você é para o que os outros querem, ou pode resistir, aceitar as críticas e permanecer imbatível, como Jobs.

4. **Não seja tão babaca o tempo todo.** É importante manter o foco, expor sua opinião de forma sincera, receber críticas e continuar seguindo em frente, mas não precisa ser um babaca. Por mais que você esteja certo, ser paciente e explicar tudo com detalhes são condutas mais interessantes do que gritar e forçar seu ponto de vista para outras pessoas. Ser gentil e tratar bem os membros da equipe ainda são as melhores formas de ganhar respeito e credibilidade. Praticar a empatia faz bem. Jobs era genial, mas às vezes conseguia agir como um completo babaca, em determinados momentos.

5. **Tente algo novo.** Explore novas possibilidades e saia de sua zona de conforto.
Após ser demitido da Apple, Jobs passou um bom tempo em crise, chorando e se perguntando o que fazer em seguida. Fundou a NeXT que, apesar de bem promissora e seus produtos singulares, não emplacou e foi

A GRANDE LIÇÃO DE STEVE JOBS

comprada pela Apple anos depois (curioso como um "fracasso" de Steve ainda consegue ser algo incrível).

Em meio a isso tudo, comprou a The Graphics Group, uma divisão da LucasArts especializada em computação gráfica, e que mais tarde se tornaria a Pixar. Com esse movimento, Steve saiu parcialmente de sua zona de conforto. Ainda lidava com tecnologia, mas não tinha experiência alguma com animação. Tanto que seu envolvimento com os projetos "do estúdio" nunca chegou ao nível do que ele fazia na Apple. Ele entendia que os artistas precisavam de liberdade e trabalhavam sem muita interferência.

Seu gosto pelas artes fez com que Steve se apaixonasse completamente pelos projetos do estúdio e os trabalhos de John Lasseter. Sair da zona de conforto fez muito bem, e permitiu que ele expandisse ainda mais seus horizontes, experimentasse novas perspectivas de negócio e um mercado bem diferente. Sair do seu mundinho pode acabar rendendo bons frutos.

6. **Faça coisas absurdas e convença pessoas a acompanhá-lo.** Quando Steve Jobs passou a liderar o desenvolvimento do Macintosh, sua relação com Jef Raskin – o engenheiro que havia liderado o projeto inicialmente – se deteriorou. Raskin saiu da empresa e Jobs chamou Andy Hertzfeld para substituí-lo. Um programador da equipe alertou Hertzfeld que ele estaria sujeito ao "campo de distorção de realidade" de Jobs. O termo passaria a ser usado para designar a maneira obstinada como Jobs convencia outras pessoas a fazer coisas que, às vezes, elas próprias achavam absurdas.

PARTE 3: RECAPITULANDO

CURIOSIDADES SOBRE STEVE JOBS

> "Steve Jobs foi um homem que violou todas as regras de gerenciamento. Definitivamente, ele não era um construtor de consenso, mas um ditador."
> **JOE NOCERA**

Não poderíamos terminar sem antes deixar em evidência as maiores marcas da personalidade e vida do homem da maçã. Isso porque, para que você aprenda a ousar como ele ousou, é importante conhecer profundamente suas ousadias.

1. **Nasceu em São Francisco em 1955.** Seus pais biológicos eram estudantes universitários, a americana Joanne Carole Schieble e Abdulfattah Jandali, conhecido como John, um sírio muçulmano que migrou para os EUA no início dos anos 1950 com o objetivo de fazer formação universitária.
Joanne engravidou e os pais de John, que eram muçulmanos radicais, não aceitariam o bebê sem que seu filho estivesse legalmente casado. Tomaram então a decisão de doar o recém-nascido, inicialmente a um casal que desistiu da adoção em razão de preferir uma menina. Steve foi levado à adoção, para Paul e Clara Jobs, com a exigência de darem educação universitária a ele. A condição até foi atendida, mas Steve largou a Universidade de Reed após cursar apenas seis meses. Certamente o perfil desbravador de Jobs não suportava o regime escolar e as regras, muito menos se forçar a estudar uma área incompatível com seu perfil, talentos e dons. Steve era decidido, doesse a quem doer!

A GRANDE LIÇÃO DE STEVE JOBS

Além de achar que o curso não lhe agregava nada, se preocupava com o alto custo da faculdade, que acabaria com a poupança de seus pais em pouco tempo.

2. **Era disléxico, ou seja, tinha dificuldade para escrever, ler e soletrar.** Essa é a perturbação de aprendizagem mais frequente atingindo uma em cada dez pessoas. Como se manifesta na infância, muitas crianças abandonam os estudos, outras superam as limitações e apresentam genialidade em outras áreas, enquanto outras sofrem, sem que os responsáveis percebam a dificuldade delas em aprender, sendo taxadas como desinteressadas, ignorantes ou burras.
   A história registra vários disléxicos famosos, como: Vincent Van Gogh, Alexander Graham Bell, Henry Ford, Albert Einstein. E cito, também, alguns dos mais famosos do nosso tempo: Tom Cruise, Whoopi Goldberg, Keanu Reeves e Will Smith.

3. **Era um aluno transgressor e habituado a fazer brincadeiras de mau gosto com seus amigos.** Ele levava cobras, ratos e outros animais para a escola, e os soltava dentro da sala de aula, causando a maior balbúrdia. Deve ser por isso que os professores não gostavam dele.

4. **Amava caligrafia.** No discurso que fez em Stanford, ele destacou: "Se eu nunca tivesse largado o curso universitário, nunca teria frequentado as aulas de caligrafia e os computadores poderiam não ter a maravilhosa caligrafia que têm. Aprendi sobre fontes com serifa e sem serifa, sobre variar a quantidade de espaço entre diferentes combinações de letras, sobre o que torna uma tipografia boa". Uma salva de palmas para "o certo que foi escrito em linhas tortas"!

5. **Religião.** Jobs era filho de um sírio muçulmano, mas seus pais adotivos eram luteranos. Logo após ver na capa da revista *Life* uma foto de crianças morrendo de fome, questionou o pastor da sua igreja se Deus sabia daquilo. Por não gostar da explicação, decidiu abandonar a religião cristã. Tinha apenas 13 anos. "O cristianismo deixa de fazer sentido quando começa a se basear mais na fé do que em viver como Jesus", disse ele ao seu biógrafo. Mais tarde, converteu-se ao

budismo. Viajou para a Índia em 1973, com a intenção de encontrar o guru Neem Karoli Baba. Não conseguiu, pois o religioso havia morrido poucos dias antes da sua chegada.

Por ainda buscar um propósito para a vida, decidiu entrar para um monastério zen no Japão. Mas seu conselheiro espiritual Kobun Chino conseguiu dissuadi-lo. Convenceu Steve que, permanecendo com o seu negócio, teria um propósito tão grande quanto o monastério. Em 1991, um monge zen-budista celebrou seu casamento com Laurene Powell.

6. **Em 1974, Steve Jobs foi trabalhar na Atari.** O objetivo era conseguir dinheiro para fazer um retiro espiritual na Índia. Nota-se que ele sentia um vazio em seu interior, que desejava preencher com algo maior, Deus. Retornou ao seu emprego após voltar da viagem e foi o responsável pelo desenvolvimento do famoso jogo *Breakout*.

7. **Desde jovem não gostava de tomar banho.** Isso fez com que, em 1974, seu chefe na Atari, Al Alcorn, o tenha transferido para o turno da noite. Seus colegas se sentiam importunados com seu mau cheiro. No lançamento do Apple II, na West Coast Computer Faire, ele foi convencido por amigos e investidores a tomar banho e apresentar-se vestindo terno. Ele certamente deve ter se segurado para não arrancar as roupas em meio à plateia.

Jobs acreditava que, por fazer uma dieta à base de frutas, um banho semanal já seria suficiente para evitar odores corporais. Ele também não gostava de desodorante, *shampoos* ou sabonetes, pois, para Jobs, tais produtos industriais eram como resíduos tóxicos, que poluem não só o meio ambiente como o corpo.

8. **Era pescetariano.** Diferentemente dos veganos e vegetarianos, ele comia peixes, frutos do mar, ovos e laticínios. Não comia carne de animais. Especula-se que o nome Apple tem a ver com sua preferência por coisas naturais.

9. **Funcionário Nº 0 da Apple.** Como seu sócio Steve Wozniak se autodenominou o empregado nº 1 da Apple, Jobs, conhecido pela

A GRANDE LIÇÃO DE STEVE JOBS

sua prepotência, nunca aceitaria ser o nº 2, apropriou-se do único número precedente possível e dizia ser o funcionário nº 0.

10. **Simplicidade ao se vestir.** Usava camisas pretas de gola alta, calça jeans e tênis. Tinha dezenas de cada peça. Uma das pouquíssimas vezes que usou terno, conforme citei no item sete, foi em uma feira de computação em 1977, quando apresentou o Apple II.

11. **Ele próprio estabeleceu que seu salário na Apple seria de um dólar ao ano.** E em razão de ter declarado ao fisco americano que seu salário era de apenas um dólar ao ano, foi parar no Livro dos Recordes como o CEO com o salário mais baixo do mundo. Ficou 10 anos recebendo esse salário e ainda dizia que metade era a remuneração para ir trabalhar e a outra metade era pelo seu bom desempenho. A verdade é que dessa forma não pagava imposto de renda sobre salário. Sua fortuna naquela época já era de bilhões de dólares. Esperto!

12. **Sério e carrancudo (*pero no mucho*).** Ele era duro e de poucas palavras, mas quebrava ocasionalmente a seriedade com atitudes engraçadas e fazendo piadas junto à sua equipe. Provavelmente o maior rompante de humor tenha sido o telefonema que fez para a Starbucks encomendando 4.000 "Lattes" para servir a cada um dos convidados que estavam assistindo o lançamento do iPhone.

13. **Em 1980, Jobs foi afastado do cargo de vice-presidente de pesquisa e desenvolvimento em razão do fracasso comercial do Lisa, o primeiro computador com *interface* gráfica produzido pela Apple.** Enquanto isso, o Macintosh tornou-se um sucesso. Era a materialização da visão de Jef Raskin, o engenheiro da equipe de Jobs que insistia que os computadores tinham de ser mais fáceis de usar. Jobs contou ao seu biógrafo que esse acontecimento poderia ter sido traumático, mas acabou se revelando positivo. "Foi como voltar à garagem. Eu tinha minha própria equipe e estava no controle", disse ele.

14. Volta por cima. Demitido da Apple, Jobs comprou o The Graphics Group, divisão de computação gráfica da Lucasfilm, e transformou-a na Pixar. Financeiramente, esse foi o melhor negócio que Jobs fez. Pagou 5 milhões de dólares. Abriu o capital da empresa e sua participação passou a valer 1,2 bilhão de dólares. Vendeu-a 11 anos depois por 7,4 bilhões de dólares para a Disney, que era a distribuidora dos filmes da Pixar.

15. Vida alternativa e terapias alternativas. Jobs não quis ser operado nem fazer tratamento químico imediatamente após ter sido diagnosticado com câncer no pâncreas. Tratou-se com acupuntura, plantas medicinais etc. Apenas nove meses depois, submeteu-se à cirurgia. O câncer já havia se alastrado. Os médicos conseguiram realizar o sequenciamento genético dele para tentar drogas mais eficazes. No discurso que fez em Stanford, se disse curado após a cirurgia, mas dá para perceber que ele não tinha convicção disso.

16. Jobs passou a gostar da religião de Hare Krishna. Seu maior interesse na viagem à Índia era aprender sobre o jeito simples de vida dos budistas. Voltou com a cabeça raspada e a intenção de se tornar um monge budista. Não virou monge, mas se casou na religião budista e praticou-a até o fim da vida.

17. Um sem-teto que deu certo. Ele contou no discurso de Stanford que "não tinha um quarto no alojamento, por isso dormia no chão do quarto de amigos". "Eu recolhia garrafas de Coca-Cola para os depósitos por 5 centavos para comprar comida, e ia a pé por 11 quilômetros pela cidade todo domingo à noite para ter uma boa refeição por semana no templo Hare Krishna".

18. Jobs foi mentor de Sergey Brin e Larry Page, na época da criação do Google. Anos depois, se sentiu traído pela entrada deles no mercado de celulares. Sua lógica era: "A Apple não entra no negócio de busca, então por que o Google tem que entrar no negócio de telefone?". Acreditava também que o Google havia roubado algumas das inovações implantadas no iPhone.

A GRANDE LIÇÃO DE STEVE JOBS

19. **John Sculley, antigo CEO da Pepsi, que Jobs tinha contratado para ser diretor da Apple, venceu os conflitos de gestão com ele a ponto de demiti-lo da própria empresa.** Em uma demonstração de muita resiliência, Steve disse que "o peso de ser bem-sucedido foi substituído pela leveza de ser de novo um iniciante, com menos certeza sobre tudo. Isso me libertou para entrar em um dos períodos mais criativos da minha vida", como já lemos anteriormente.

20. **Ao se oferecer ao mercado de trabalho, Jobs dizia: "Estou procurando um lugar que necessite de muitas reformas e consertos, mas que tenha fundações sólidas. Estou disposto a demolir paredes, construir pontes e acender fogueiras. Tenho uma grande experiência, um monte de energia, um pouco dessa coisa de 'visão' e não tenho medo de começar do zero".** Em vez de entrar para alguma empresa, decidiu criar a NeXT, empresa a que me referirei logo adiante, e que ele vendeu para a própria Apple anos depois. Obviamente que o discurso e a visão agressiva de Jobs não o ajudaram a ser contratado, já que as empresas clássicas gostam do tradicionalismo e aceitam muito pouco os visionários.

21. **Tinha o histórico manchado por "pequenos deslizes".** Quase todas as pessoas pisam na bola algumas vezes ao longo da vida. O problema é que, quando se trata de grandes homens como Steve Jobs, isso fica registrado e se torna público. Dá até para imaginar que todos os algozes são absolutamente santos? Sabemos que, na verdade, os erros acabam fazendo parte do processo evolutivo de cada ser humano e, com ele, não foi diferente. Faço menção desses deslizes apenas pelo dever de expor como alguns erros nem sempre determinam o insucesso, independentemente do fato que ninguém precisa deles para ter êxito.
Nos anos 1970, os dois Steves, Wozniak e Jobs, ganharam os seus primeiros dólares vendendo as famosas "caixas azuis" que permitiam fazer ligações gratuitas de longa distância, mas de forma ilegal, utilizando uma falha que encontraram no sistema telefônico da AT&T.

A história da Blue Box (Caixa Azul) aconteceu antes da Apple. Antes mesmo de Steve revolucionar a computação pessoal, Jobs era o que chamavam de *phreaker*, uma expressão que definia os *hackers* de telefonia, que criavam métodos para burlar os sistemas telefônicos. As caixas azuis renderam o bastante para que os dois Steves pagassem um ano de faculdade e iniciassem a Apple. Jobs chegou a dizer: "Se meus colegas e eu não tivéssemos criado essas pequenas caixas azuis, talvez nunca existisse um computador da Apple". Os dois Steves chegaram a lucrar 5.000 dólares pelas caixas, mas mentiram sobre os valores para os demais da equipe, dividindo apenas 700 dólares, algo que manchou a honestidade deles. Embora as caixas tenham manchado a carreira de Steve Jobs, por existirem apenas 100 unidades de caixas azuis, em 2017 as famosas *blue boxes* são consideradas raridades, por isso, as peças vão a leilão com estimativa de valores acima de 67,4 mil dólares, totalizando mais de 200 mil reais. O valor pode parecer alto, mas está longe do máximo preço já pago por um produto histórico da Apple. Em 2014, por exemplo, o Apple 1 foi leiloado e arrematado pela quantia de 910 mil dólares, ou seja, quase 3 milhões de reais na época.

Outra mancha foi o uso de drogas, maconha e LSD, a que Steve atribuiu certa iluminação e motivo de tanta criatividade. Por isso, Jobs esteve sob investigação do governo norte-americano por suspeitas de fraude em ações e sonegação de impostos.

Mancha esdrúxula foi a demissão da Apple em 1985, empresa que ele mesmo fundou. O mundo dos negócios ficou perplexo e se perguntava como aquilo era possível. Jobs vendeu todas as suas ações da Apple, exceto uma, para poder continuar participando das reuniões de acionistas.

Não dava dinheiro para a caridade. De início, dizia: "Esperem até que nós nos tornemos rentáveis". Depois disso, mesmo com a Apple se tornando uma das empresas mais valiosas do mundo, continuou não dando. Chegou a dizer para um repórter que as contribuições que estava dando para o crescimento e desenvolvimento do mundo já eram boas doações. E seu pensamento até era razoável, já que tem uma galera que gosta de aparecer ou fazer *networking* por meio de doações e serviços voluntários, tudo para aumentar a fama e a popularidade.

22. Jogo rápido. Citações curtas e esparsas sobre Steve Jobs. Boa parte disso estará mais detalhada nas "lições".

- Teve três filhos no casamento, e Lisa Nicole Brennan fora dele, a quem inicialmente negou a paternidade. Assumiu-a depois de um tempo, e seu nome passou a ser Lisa Nicole Brennan-Jobs. Foi um bom pai e até a homenageou em 1983, batizando um dos computadores com seu nome: Apple Lisa, o primeiro computador pessoal com *mouse* e interface gráfica. Durante anos, os colaboradores da empresa alegavam que esse nome se tratava das letras iniciais de "*Local Integrated Software Architeture*". Anos depois, Steve Jobs negou. "É claro que dei esse nome por causa da minha filha", confessou ao biógrafo Walter Isaacson, responsável pela cinebiografia que conta a vida de Steve Jobs;

- Não gostava de Michael Dell, dono da fabricante dos computadores Dell;

- Em 1986, comprou por 5 milhões de dólares o The Graphics Group das mãos de George Lucas. Mudou o nome para Pixar e vendeu-a para a Disney 11 anos depois por 7,4 bilhões de dólares;

- Demitido da Apple, fundou a NeXT, empresa especializada no desenvolvimento de computadores avançados. Os primeiros servidores da World Wide Web, ou seja, da *internet*, foram desenvolvidos pela NeXT;

- Em 1996, a Apple comprou dele a NeXT;

- Ele foi o maior acionista da Disney, detendo em seu poder 7% da empresa;

- Viveu por dez anos na mansão espanhola estilo colonial que comprou em 1984. Na entrada da mansão, ficava em exibição uma motocicleta BMW que tinha pertencido a Bill Clinton;

- Andava com seu carro, um Mercedes SL 55 AMG sem placa, por não gostar dela;

- Abandonou a faculdade em 1973;

- Começou a trabalhar na Atari em 1974;

- Buscou iluminação espiritual na Índia em 1974;

- Criou a Apple em 1976;

- Foi demitido da Apple em 1985;

- Fundou a NeXT em 1985;

- Comprou a Pixar em 1986;

- Retornou à Apple em 1996;

- Vendeu a Pixar em 2006;

- Adotado, apenas quando adulto soube que Mona Simpson, já famosa escritora, era sua irmã;

- Ele construiu o jogo *Breakout* para a Atari;

- Permaneceu por apenas seis meses no curso superior formal na Universidade Reed College. Abandonou em razão dos altos custos para seus pais e por não se interessar pelo que estava estudando. Mesmo assim, continuou frequentando algumas matérias gratuitas que ele gostava, como a caligrafia.

CONVERSA COM STEVE:
ENTREVISTA IMAGINÁRIA

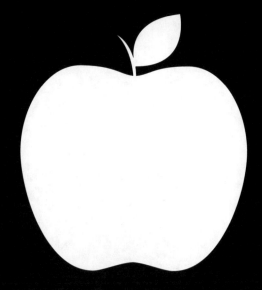

Em 2013, o jornalista e escritor Luiz Orlando Carneiro já havia realizado milhares de entrevistas no decorrer de sua vida e teve a genial ideia de escrever o livro *Entrevistas imaginárias*, em que fez perguntas fantasiosas a símbolos como Mario de Andrade, Manuel Bandeira, Cecília Meireles e Fernando Pessoa, entre outros nomes da história, cujas respostas estão na obra deste ou daquele escritor.

Lembro-me de haver lido uma entrevista imaginária com Freud. Isso muito me inspirou, e dediquei este capítulo à entrevista imaginária que realizei com o grande Steve Jobs. Uma conversa de primeira mão. Aquilo que ninguém contou sobre Jobs está diante dos seus olhos, a partir de agora.

(M.S.) – Maurício Sita
(S.J.) – Steve Jobs

Vestindo uma blusa preta de gola rolê, um jeans desbotado e seu velho e confortável par de *All Star* branco, Jobs parecia não ter pressa na vida. Ele, que era sempre falador, estava quieto como se não houvesse depois, então disparei:

M.S. – No passado você construiu um legado, fez vários discursos que nos apontavam um caminho, mas hoje, em pleno ano de 2021, o que você diria para a geração atual? Qual conselho daria?

S.J. – Você quer passar o resto da vida "vendendo água com açúcar" ou deseja mudar o mundo?

M.S. –Você acha que mesmo diante da crise econômica pós-pandemia Covid-19 é a hora certa de inovar? O que você faria?

S.J. – Vivemos na economia da informação. Não deixe o ruído das opiniões dos outros abafar a sua própria voz interior. Não se acomode. Da mesma forma que acontece com as coisas do coração, você vai saber a hora certa de inovar e realizar.

M.S. – Então, você continua acreditando que o foco está em inovar?

S.J. – As pessoas acham que foco significa dizer sim para a coisa na qual você está concentrado. Significa dizer não para centenas de outras boas ideias que existem. Você precisa escolher com cuidado, mas inovar é o mesmo que correr riscos.

M.S. – Com sua experiência, como descobrir o que o cliente/ consumidor espera de nós?

S.J. – Você não pode simplesmente perguntar aos consumidores o que eles querem e daí tentar dar isso a eles. Assim que você conseguir construir isso, eles já vão querer algo novo. Você não pode juntar dois pontos olhando para frente; você só consegue conectá-los olhando para trás. Então você precisa confiar que os pontos, de alguma maneira, serão ligados. Você tem que confiar em algo – seu instinto, destino, vida, karma, o que for. Essa abordagem nunca me decepcionou, e fez toda a diferença na minha vida. Ofertei aos consumidores produtos e serviços que eles nunca imaginaram que poderiam precisar.

M.S. – O que você diria para a geração atual de jovens adultos que não aceita a frustração, o não da vida, e desiste no primeiro fracasso. Uma geração que quer conquistar o mundo sem esforços?

S.J. – O que separa os empreendedores bem-sucedidos dos não sucedidos é pura perseverança. Às vezes, a vida vai acertar um tijolo na sua cabeça. Não perca a fé. Eu sou a única pessoa que conheço que perdeu um quarto de um bilhão de dólares em um ano, e depois disso comecei de novo.

M.S. –Você foi rejeitado diversas vezes ao anunciar suas visões? Como você superou tais sentimentos negativos?

S.J. – Seja um parâmetro de qualidade. Algumas pessoas não estão acostumadas a um ambiente onde a excelência é esperada. Por isso, elas vão desdenhar de você, ignorá-lo, menosprezá-lo, até rebaixá-lo para se sentirem superiores. Tudo bem! Como eu superei? Simplesmente construí a Apple.

M.S. – O que você tem a dizer sobre seus erros?

S.J. – Às vezes, quando você inova, você comete erros. É melhor admiti-los rapidamente, e seguir em frente para melhorar suas outras inovações. Mas, ao menos, eu errei ao inovar. Tem muita gente que nem erra e nem inova.

M.S. – Quase ninguém concordava com suas visões, o que você acha disso?

S.J. – O tempo é limitado, por isso, não perca tempo vivendo as vidas e opiniões de outras pessoas. Não deixe o ruído das opiniões dos outros abafar a sua própria voz.

M.S. – O que você diria para incentivar a geração atual a inovar?

S.J. – Estamos aqui para fazer alguma coisa diferente no universo, senão, por que estar aqui?

M.S. – Em sua opinião, por que as pessoas desistem de suas ideias?

S.J. – Para se ter sucesso, é necessário amar de verdade o que se faz. Caso contrário, levando em conta apenas o lado racional e as críticas dos outros você simplesmente desiste. É o que acontece com a maioria das pessoas.

M.S. – Você quer dizer, então, que as pessoas desistem porque não amam suas ideias?

S.J. – Eu já disse anteriormente. As pessoas acham que foco significa dizer sim para a coisa na qual você está concentrado. Na verdade, significa também dizer não para centenas de outras boas ideias que existem. Você precisa escolher com cuidado. Depois que escolheu, saiba que o trabalho vai preencher uma grande parte da sua vida, e a única maneira de ficar completamente satisfeito é fazer o que você acredita ser um bom trabalho. E a única forma de fazer um bom trabalho é amar aquilo que você faz.

M.S. – Em sua opinião, como você se tornou um símbolo de sucesso mundial?

S.J. – Acredito que por ter foco e simplicidade. O simples pode ser mais difícil de fazer do que o complexo; você tem que trabalhar duro para clarear seu pensamento, a fim de torná-lo simples.

M.S. – A sua saída da Apple foi culpa de Sculley?

S.J. – Parece que estamos sempre à procura de alguém para ficar zangado em vez de si mesmo.

M.S. – Qual seu recado para um empreendedor ou profissional que perdeu tudo e está sem ânimo para recomeçar?

S.J. – Você tem de agir. E você tem que estar disposto a fracassar... Se você tem medo de fracassar, não irá muito longe. Levante-se sempre, quantas vezes for necessário. Parece um clichê, mas risque o verbo desistir do seu dicionário.

M.S. – Qual o segredo do seu sucesso?

S.J. – É mais divertido ser o pirata do que o marinheiro. O resto do mundo está fazendo coisas previsíveis, o segredo do êxito é fazer diferente. Deixe a mesmice para os demais.

M.S. – Qual seu maior desejo?

S.J. – Eu trocaria a minha tecnologia por uma tarde com Sócrates.

M.S. – Do que se arrepende?

S.J. – Se você viver cada dia como se fosse o último, em algum dia você provavelmente estará certo. Não me arrependo.

A sociedade sempre o considerou um *hippie*, um renegado, o que você acha disso?

S.J. – Vamos inventar o amanhã e parar de nos preocupar com o passado e com as opiniões alheias?

M.S. – Claro. Vamos sim!

"Nunca deixe de sonhar
Nunca se dê por vencido
Nunca se mantenha imóvel
Nunca se apegue ao passado
Nunca finja ser quem você não é."
STEVE JOBS

TRANSCRIÇÃO COMPLETA DO MARAVILHOSO DISCURSO DE STEVE JOBS EM STANFORD

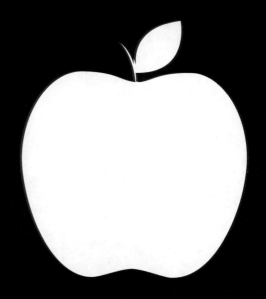

H oje, trazemos para vocês a transcrição completa do maravilhoso discurso de Steve Jobs na Universidade de Stanford, em 2005, seis anos antes de seu falecimento.

Você tem que encontrar o que você ama.
Eu me sinto honrado por estar com vocês hoje, na sua formatura, em uma das melhores universidades do mundo. Nunca me formei na faculdade. Para falar a verdade, isto é o mais perto que já cheguei de uma formatura. Hoje eu quero contar a vocês três histórias da minha vida. É isso. Nada demais. Só três histórias.
A primeira é sobre ligar os pontos.
Larguei o Reed College depois de seis meses, mas fiquei por lá como ouvinte por mais dezoito antes de desistir de vez. Então, por que saí? Essa história começa antes de eu nascer. Minha mãe biológica era uma jovem universitária solteira, que decidiu me dar para a adoção. Ela queria muito que eu fosse adotado por pessoas formadas; desse modo, tudo foi acertado para que eu fosse adotado assim que nascesse por um advogado e sua esposa. Só que, quando nasci, eles decidiram de última hora que queriam mesmo era uma menina.
Então meus pais, que faziam parte de uma lista de espera, receberam uma ligação no meio da noite perguntando: "Apareceu um garoto menino, vocês querem?". Eles responderam: "É claro".
Depois, minha mãe biológica descobriu que minha mãe nunca se formou na faculdade e que meu pai não terminou o ensino médio. Ela se recusou a assinar a papelada final da adoção. Só cedeu meses depois, quando meus pais prometeram que um dia me fariam ir para a faculdade. E, dezessete anos

A GRANDE LIÇÃO DE STEVE JOBS

mais tarde, eu realmente entrei para uma faculdade. Mas, por ingenuidade, escolhi uma universidade quase tão cara quanto Stanford, e meus pais, que eram da classe trabalhadora, estavam gastando todas as economias na minha instrução. Após seis meses, eu não conseguia ver valor naquilo.

Não tinha ideia do que queria fazer da vida, nem de como a faculdade me ajudaria a descobrir. E lá estava eu, gastando todo o dinheiro que meus pais tinham poupado a vida inteira. Então, decidi largar a faculdade e confiar em que tudo se ajeitaria.

Foi bem assustador na época, mas em retrospecto, foi uma das melhores decisões que já tomei. No minuto em que larguei o curso, pude parar de assistir às aulas obrigatórias que não me interessavam e passei a frequentar as que pareciam interessantes. Nem tudo foram flores. Eu não tinha quarto no dormitório, por isso, dormia no chão dos quartos dos meus amigos. Recolhia garrafas de Coca-Cola para devolvê-las e receber os depósitos de 5 centavos e assim comprar comida e andava mais de onze quilômetros a pé todo domingo à noite, até o templo Hare Krishna, para fazer a única boa refeição da semana. Eu adorava.

E muito daquilo com que deparei ao seguir minha curiosidade e intuição acabou tendo um valor inestimável mais tarde. Vou dar um exemplo: na época, a Reed College oferecia talvez a melhor formação em caligrafia do país. Por todo o campus, cada cartaz, cada etiqueta de gaveta, tudo era feito em uma caligrafia lindíssima. Como eu havia largado o curso e não precisava assistir às aulas regulares, decidi frequentar um curso de caligrafia para aprender como fazer. Aprendi sobre tipos com e sem serifa, sobre variar o espaçamento entre diferentes combinações de letras, sobre o que torna uma caligrafia espetacular. Era bonito, histórico e tinha uma delicadeza artística que a ciência não consegue captar; achei fascinante.

Nada daquilo tinha sequer uma remota esperança de aplicação prática na minha vida. No entanto, dez anos mais tarde, quando estávamos desenvolvendo o primeiro Macintosh, tudo o que eu aprendera voltou à minha mente. E nós incluímos no Mac. Foi o primeiro computador com uma linda tipografia. Se eu não tivesse sido ouvinte naquele curso, o Mac nunca teria tido múltiplos caracteres tipográficos ou fontes com espaçamentos proporcionais. E, como o Windows copiou o Mac, provavelmente nenhum computador pessoal teria também.

Se eu nunca tivesse largado o curso, nunca teria sido ouvinte da aula de caligrafia, e os computadores pessoais talvez não tivessem a tipografia fantástica que têm. Claro que quando eu estava na faculdade era impossível ligar os pontos olhando para o futuro. Mas, olhando para trás dez anos depois, ficou muito, muito claro.

Repito, não se pode ligar os pontos olhando para frente; só se consegue olhando para trás. Então, deve-se confiar que, de alguma forma, os pontos vão se ligar no futuro. Deve-se confiar em alguma coisa: na própria coragem, no destino, na vida, num carma, no que for. Esse enfoque nunca me deixou na mão e fez toda a diferença na minha vida.

Minha segunda história é sobre amor e perda.

Eu tive sorte, encontrei o que amava fazer cedo na vida. Woz e eu começamos a Apple na garagem dos meus pais quando eu tinha vinte anos. Trabalhamos duro e, em dez anos, a Apple se transformou de apenas nós dois na garagem em uma empresa de 2 bilhões de dólares com mais de quatro mil funcionários. Nós tínhamos lançado nossa melhor criação, o Macintosh, um ano antes, e eu havia acabado de completar trinta anos.

E aí fui demitido. Como você pode ser demitido da empresa que fundou? Bem, à medida que a Apple cresceu, contratamos uma pessoa que achei ter muito talento para dirigir a empresa comigo, e no primeiro ano ou pouco mais as coisas caminharam bem. Mas aí nossas visões sobre o futuro começaram a divergir, e acabamos tendo um desentendimento sério. Quando isso aconteceu, nosso conselho administrativo ficou do lado dele. Assim, aos trinta anos, fui posto para fora. E de maneira bem pública. Aquilo que tinha sido o foco de toda minha vida adulta havia acabado, e foi devastador.

Por meses eu não soube o que fazer. Senti que tivesse decepcionado a geração anterior de empreendedores, como se tivesse deixado o bastão cair ao recebê-lo. Eu me encontrei com David Packard e Bob Noyce e tentei pedir desculpas por estragar de forma tão gritante. Eu era um fracasso público e pensei até em fugir do Vale [do Silício].

A GRANDE LIÇÃO DE STEVE JOBS

No entanto, aos poucos algo começou a ficar claro na minha cabeça: eu ainda amava o que fazia. Minha demissão da Apple não havia mudado esse sentimento nem um pouco. Eu tinha sido rejeitado, mas ainda estava apaixonado. E assim decidi recomeçar.

Eu não percebi na época, mas, no fim das contas, ser demitido da Apple foi a melhor coisa que poderia ter acontecido comigo. A pressão por ter sucesso foi substituída pela leveza de ser um principiante de novo, com menos certeza sobre tudo. Isso me deu liberdade para iniciar um dos períodos mais criativos da minha vida.

Nos cinco anos seguintes, fundei uma empresa chamada NeXT, outra chamada Pixar e me apaixonei por uma mulher maravilhosa que se tornaria minha esposa. A Pixar criou o primeiro filme animado por computador do mundo, Toy Story, e hoje é o estúdio de animação mais bem-sucedido do mundo. Em uma notável reviravolta, a Apple comprou a NeXT, eu retornei à Apple, e a tecnologia que desenvolvemos na NeXT está no cerne do atual renascimento da Apple. E Lorene e eu construímos uma família fantástica.

Estou certo de que nada disso teria acontecido se eu não tivesse sido demitido da Apple. Foi um remédio bem amargo, mas acho que o paciente precisava. Às vezes, a vida dá uma tijolada na sua cabeça. Não percam a fé. Estou convencido de que a única coisa que me manteve seguindo adiante foi o meu amor pelo que fazia. Vocês precisam descobrir o que amam. E isso é tão verdadeiro em relação ao trabalho quanto em relação aos amantes [pessoas que você ama].

O trabalho vai preencher uma parte grande de suas vidas, e a única maneira de se sentirem satisfeitos de verdade é fazer o que acreditam ser um grande trabalho. E a única maneira de fazer um grande trabalho é amar o que fazem. Se ainda não descobriram o que amam, continuem procurando. Não se acomodem. Como ocorre em todos os assuntos do coração, vocês vão saber quando encontrarem. E, como em qualquer grande relacionamento, ele fica cada vez melhor com o passar dos anos. Então continuem procurando até encontrarem. Não se acomodem.

Minha terceira história é sobre morte.

Quando eu tinha dezessete anos, li uma frase que era mais ou menos assim: "Se você viver cada dia como se fosse o último, um dia você com certeza estará certo". Isso me impressionou e, desde então, pelos últimos 33 anos, olho

MAURÍCIO SITA

no espelho toda manhã e me pergunto: "Se hoje fosse o último dia da minha vida, eu gostaria de fazer o que vou fazer hoje?". E, quando a resposta é "não" por muitos dias seguidos, sei que preciso fazer alguma mudança.

Lembrar que em breve estarei morto é a ferramenta mais importante que já encontrei para me ajudar a fazer grandes escolhas na vida. Porque quase tudo (todas as expectativas externas, todo o orgulho, todo o medo de constrangimento ou fracasso), tudo isso desaparece em face da morte e fica apenas o que é importante de verdade. Lembrar que se vai morrer é a melhor maneira que conheço de evitar a armadilha de achar que se tem algo a perder. Já se está nu. Não há nenhum motivo para não seguir o próprio coração.

Há cerca de um ano, eu fui diagnosticado com câncer. Às sete e meia da manhã, fiz um exame que mostrou claramente um tumor no pâncreas. Eu nem sabia o que era um pâncreas. Os médicos me disseram que era quase certo se tratar de um tipo de câncer incurável e que eu não devia esperar viver mais do que de três a seis meses. Meu médico me aconselhou a ir para casa e deixar tudo em ordem – o código dos médicos para se preparar para morrer. Significa tentar dizer aos filhos em uns poucos meses tudo o que você achava que teria a dizer nos dez anos seguintes. Significa se certificar de que tudo esteja arranjado para facilitar ao máximo as coisas para sua família. Significa se despedir.

Vivi com aquele diagnóstico o dia inteiro. Mais tarde, na mesma noite, fiz uma biópsia. Eles enfiaram um endoscópio pela garganta, passando pelo estômago e pelos intestinos, enfiaram uma agulha no pâncreas e tiraram algumas células do tumor. Eu estava sedado, mas a minha mulher, que estava lá, depois me disse que, quando os médicos analisaram as células no microscópio, começaram a chorar, porque descobriram que era um tipo muito raro de câncer do pâncreas, curável com cirurgia. Fui operado e estou bem agora.

Isso foi o mais perto que cheguei de encarar a morte e espero que assim continue por mais algumas décadas. Tendo sobrevivido, posso afirmar com um pouco mais de certeza do que quando a morte era um conceito útil, porém meramente intelectual: ninguém quer morrer. Mesmo quem quer ir para o céu não quer morrer para chegar lá. E ainda assim a morte é o destino que todos compartilhamos. Ninguém conseguiu escapar dela. E assim deve ser, porque muito provavelmente a Morte é a melhor invenção da Vida. É o agente de mudanças da Vida. Elimina o velho e abre espaço para o novo. Agora o novo são vocês, mas, um dia, não tão distante, aos poucos vocês vão se transformar no velho e vão ser descartados. Desculpem a contundência, mas é verdade.

O tempo de vocês é limitado, então não o desperdicem vivendo a vida de outra pessoa. Não fiquem presos a dogmas, o que significa viver com os resultados do que outras pessoas pensam. Não permitam que o barulho da opinião dos outros abafe sua voz interior. E o mais importante: tenham coragem para seguir o coração e a intuição. De algum modo, eles já sabem o que vocês querem ser. Todo o resto é secundário.

Quando eu era jovem, existia uma publicação fantástica intitulada Whole Earth Catalog, que era uma das bíblias da minha geração. Ela foi criada por um rapaz chamado Stewart Brand não longe daqui, em Menlo Park, e ele a trouxe à vida com um toque poético. Isso no fim da década de 1960, antes dos computadores pessoais e da editoração eletrônica; por isso, era toda feita com máquinas de escrever, tesouras e câmeras Polaroid. Era tipo um Google em formato de papel, 35 anos antes de o Google surgir: era idealista e transbordava de ferramentas precisas e grandes noções.

Stewart e sua equipe publicaram várias edições do Whole Earth Catalog e, quando o seu ciclo acabou, lançaram uma última edição. Eram meados dos anos 1970, e eu tinha a idade de vocês. Na contracapa da edição final, havia uma fotografia de uma estrada de interior, de manhã cedo, dessas em que você se veria pedindo carona, se tivesse espírito aventureiro. Embaixo havia os dizeres: "Stay hungry. Stay Foolish" [Continue Ávido. Continue Tolo]. Era a mensagem de despedida deles ao saírem de circulação. Continuar Ávido. Continuar Tolo. Foi o que sempre desejei para mim. E agora, com vocês se formando para começar de novo, desejo o mesmo para vocês.

Continuem Ávidos. Continuem Tolos.

Muito obrigado a todos.

[Extraído do livro *Como Steve Jobs virou Steve Jobs*, de Brent Schlender e Rick Tetzeli, tradução de Alexandre Raposo, Catharina Pinheiro e Maria Carmelita Dias. Rio de Janeiro: Editora Intrínseca, 2015, pp. 305-310]

Escrevi este livro com o propósito de catalogar e submeter à sua análise e reflexão aquilo que entendo como as grandes lições de Steve Jobs. Ele ousou ser diferente e até por isso não tenho por objetivo que pense com a minha cabeça ao analisar as lições, ou com a dele, ao realizar a revolução que causou por onde atuou. Beba dos conhecimentos dele e eventualmente se inspire naquilo que mais tocar você, mas "permaneça tolo e permaneça faminto". Lembra que comecei o livro com essas palavras?

Finalizo com a minha percepção de que Steve Jobs em si é uma grande lição. Tratei quase que exaustivamente sobre a trajetória da vida profissional do homem que mudou muita coisa no mundo. Inspirar-se nele e nas suas ações é uma opção que pode ser levada em conta.

Como disse anteriormente, quem sabe você não seja a próxima pessoa a causar grandes inovações que contribuirão para que o mundo seja cada vez melhor.

Think different.

REFERÊNCIAS

APPLE MACINTOSH THINK DIFFERENT 1984 SUPER BOWL COMERCIAL. [S. L.: S. N.]. 1 vídeo (1min2s). Publicado por Sportsmetro. Disponível em: <https://www.youtube.com/watch?v=l3jjKuTAPHA>. Acesso em: 22 de jul. de 2021.

CAMÕES, Luís Vaz de. **Amor é fogo que arde sem se ver.** Disponível em: <https://www.pensador.com/amor_e_fogo_que_arde_sem_se_ver/>. Acesso em: 22 de jul. de 2021.

CARNEIRO, Luiz Orlando. **Entrevista imaginária.** Rio de Janeiro: MW, 2013.

DISCURSO DE STEVE JOBS EM STANFORD. [S. L.: S. N.]. 1 vídeo (14min33s). Publicado por Vasco Sá Diogo. Disponível em: <https://www.youtube.com/watch?v=yw5fuDMblYg>. Acesso em: 22 de jul. de 2021.

ESTÊVÃO (MÁRTIR). *In:* **WIKIPÉDIA, a enciclopédia livre.** Flórida: Wikimedia Foundation, 2021. Disponível em: <https://pt.wikipedia.org/w/index.php?title=Est%C3%AAv%C3%A3o_(m%C3%A1rtir)&oldid=61829523>. Acesso em: 22 de jul. de 2021.

EXTROVERSÃO E INTROVERSÃO. *In:* **WIKIPÉDIA, a enciclopédia livre.** Flórida: Wikimedia Foundation, 2019. Disponível em: <https://pt.wikipedia.org/w/index.php?title=Extravers%C3%A3o_e_introvers%C3%A3o&oldid=54829781>. Acesso em: 22 de jul. de 2021.

GALLO, Carmine. Tradução de Cristina Yamagami. **TED: falar, convencer, emocionar: como se apresentar para grandes plateias.** São Paulo: Saraiva, 2017.

GERALDINE, Jeniffer. **Não seja multitarefa.** Disponível em: <http://jeniffergeraldine.com/nao-seja-multitarefa/>. Acesso em: 22 de jul. de 2021.

ISAACSON, Walter. **Steve Jobs.** Tradução de Denise Bottmann, Pedro Maia Soares e Berilo Vargas. São Paulo: Companhia das Letras, 2011.

JESUS FALA A NICODEMOS NASCER DE NOVO. [S. L.: S. N.]. 1 vídeo (4min44s). Publicado por Jorge Ganga. Disponível em: <https://www.youtube.com/watch?v=KyaC4NVhGEY>. Acesso em: 22 de jul. de 2021.

JESUS, O HOMEM MAIS INTELIGENTE DA HISTÓRIA. [S. L.]. 1 vídeo (3min40s). Publicado por Anderson Leony. Disponível em: <https://www.youtube.com/watch?v=vPUt6KPNGn8>. Acesso em: 22 de jul. de 2021.

LOCKE, Edwin A. **The Prime Movers.** Amacom, 2000.

MATILDA (FILME). In: **WIKIPÉDIA, a enciclopédia livre.** Flórida: Wikimedia Foundation, 2021. Disponível em: <https://pt.wikipedia.org/w/index.php?title=Matilda_(filme)&oldid=61926214>. Acesso em: 22 de jul. de 2021.

NORONHA, Heloísa. **Dez famosos que eram alunos ruins.** Disponível em: <https://www.uol.com.br/universa/noticias/redacao/2017/11/13/11-famosos--que-eram-pessimos-alunos-na-escola.htm>. Acesso em: 22 de jul. de 2021.

PRADO, Ana Lúcia. **Seja mais produtivo, agora.** São Paulo: Editora Abril, 2017.

RENASCER. *In:* **DICIO, Dicionário Online de Português.** Porto: 7Graus, 2021. Disponível em: <https://www.dicio.com.br/renascer/>. Acesso em: 22 de jul. de 2021.

SANDER, Peter. **O que Steve Jobs faria?** Editora Universo do Livro, 2012.

SANTINO, Renato. **Primeiro produto de Steve Jobs e Wozniak vai a leilão; conheça a 'blue box'.** Disponível em: <https://olhardigital.com.br/noticia/primeiro-produto-de-steve-jobs-e-wozniak-vai-a-leilao-conheca-a-blue-box/72724>. Acesso em: 22 de jul. de 2021.

SCHLENDER, Brent; TETZELI, Rick. **Como Steve Jobs virou Steve Jobs.** Tradução de Alexandre Raposo, Catharina Pinheiro e Maria Carmelita Dias. Rio de Janeiro: Editora Intrínseca, 2015.

SOUZA, Matheus de. **Você sabe se vender?** Disponível em: <https://matheusdesouza.com/2017/03/02/voce-sabe-se-vender/>. Acesso em: 22 de jul. de 2021.

STEVE WOZNIAK. *In:* **WIKIPÉDIA, a enciclopédia livre.** Flórida: Wikimedia Foundation, 2021. Disponível em: <https://pt.wikipedia.org/w/index.php?title=Steve_Wozniak&oldid=61783009>. Acesso em: 22 de jul. de 2021.

SUSAN CAIN: O PODER DOS INTROVERTIDOS. [S. L.], 2012. 1 vídeo (19min4s). Publicado por TED. Disponível em: <https://www.youtube.com/watch?v=c0KYU2j0TM4>. Acesso em: 22 de jul. de 2021.